Somente uma Lembrança

Somos associados da **Fundação Abrinq** pelos direitos da criança.
Nossos fornecedores uniram-se a nós e não utilizam mão de obra infantil ou trabalho irregular de adolescentes.

Somente uma Lembrança
Copyright by © Petit Editora e Distribuidora Ltda., 2012
2-6-13-5.000-20.000

Direção editorial: **Flávio Machado**
Assistente editorial: **Renata Curi**
Capa: **Danielle Joanes**
Imagem da capa: **Alexskopje / Dreamstime.com**
Projeto gráfico e editoração: **Estúdio Design do Livro**
Produtor gráfico: **Vitor Alcalde L. Machado**
Preparação: **Maiara Gouveia**
Revisão: **Luiz Chamadoira**
Impressão: **Vida e Consciência Gráfica e Editora**

Dados Internacionais de Catalogação na Publicação (CIP)
(Câmara Brasileira do Livro, SP, Brasil)

Somente uma lembrança / ditado por Espíritos Diversos ; psicografia de Vera Lúcia Marinzeck de Carvalho ; organizado pelo Espírito Antônio Carlos. – São Paulo : Petit, 2012.

ISBN 978-85-7253-206-8

1. Espiritismo 2. Psicografia 3. Romance espírita
I. Carvalho, Vera Lúcia Marinzeck de.   II. Carlos, Antônio.

12-09005   CDD: 133.93

Índices para catálogo sistemático:
1. Romances espíritas psicografados : Espiritismo   133.93

Correções com a médium: **Érica Alvim**

Direitos autorais reservados.
É proibida a reprodução total ou parcial, de qualquer forma ou por qualquer meio, salvo com autorização da Editora.
(Lei nº 9.610, de 19 de fevereiro de 1998)
Traduções somente com autorização por escrito da Editora.
Impresso no Brasil, no outono de 2013.

Prezado(a) leitor(a),
Caso encontre neste livro alguma parte que acredita que vai interessar ou mesmo ajudar outras pessoas e decida distribuí-la por meio da internet ou outro meio, nunca deixe de mencionar a fonte, pois assim estará preservando os direitos do autor e, consequentemente, contribuindo para uma ótima divulgação do livro.

Somente uma Lembrança

psicografia de
Vera Lúcia Marinzeck de Carvalho

ditado por **Espíritos Diversos**

organizado pelo Espírito
Antônio Carlos

Rua Atuaí, 389 – Vila Esperança/Penha
CEP 03646-000 – São Paulo – SP
Fone: (0xx11) 2684-6000
www.petit.com.br | petit@petit.com.br

Livros da médium
VERA LÚCIA MARINZECK DE CARVALHO

Da própria médium:
- *Conforto Espiritual*
- *Conforto Espiritual 2*

Psicografados:

Com o Espírito Antônio Carlos
- *Reconciliação*
- *Cativos e Libertos*
- *Copos que Andam*
- *Filho Adotivo*
- *Reparando Erros de Vidas Passadas*
- *A Mansão da Pedra Torta*
- *Palco das Encarnações*
- *Histórias Maravilhosas da Espiritualidade*
- *Muitos São os Chamados*
- *Reflexos do Passado*
- *Aqueles Que Amam*
- *O Diário de Luizinho* (infantil)
- *Novamente Juntos*
- *A Casa do Penhasco*
- *O Mistério do Sobrado*
- *O Último Jantar*
- *O Jardim das Rosas*
- *O Sonâmbulo*
- *Sejamos Felizes*
- *O Céu Pode Esperar*
- *Por Que Comigo?*
- *A Gruta das Orquídeas*
- *O Castelo dos Sonhos*
- *O Ateu*
- *O Enigma da Fazenda*
- *O Cravo na Lapela*
- *A Casa do Bosque*
- *Entrevistas com os Espíritos*

Com o Espírito Patrícia
- *Violetas na Janela*
- *A Casa do Escritor*
- *O Vôo da Gaivota*
- *Vivendo no Mundo dos Espíritos*

Com o Espírito Rosângela
- *Nós, os Jovens*
- *A Aventura de Rafael* (infantil)
- *Aborrecente, Não. Sou Adolescente!*
- *O Sonho de Patrícia* (infantil)
- *Ser ou Não Ser Adulto*
- *O Velho do Livro* (infantil)
- *O Difícil Caminho das Drogas*
- *Flores de Maria*

Com o Espírito Jussara
- *Cabocla*
- *Sonhos de Liberdade*

Com espíritos diversos
- *Valeu a Pena!*
- *O Que Encontrei do Outro Lado da Vida*
- *Deficiente Mental: Por Que Fui Um?*
- *Morri! E Agora?*
- *Ah, Se Eu Pudesse Voltar no Tempo!*
- *Somente uma Lembrança*

Livros em outros idiomas
- *Violets on the Window*
- *Violetas en la Ventana*
- *Violoj sur Fenestro*
- *Reconciliación*
- *Deficiente Mental: ¿Por Que Fui Uno?*
- *Viviendo en el Mundo de los Espíritus*
- *Fiori di Maria*

Sumário

um   PAI HERÓI, **7**

dois   VENCENDO UMA TENDÊNCIA, **49**

três   O RESGATE, **73**

quatro   SOMENTE UMA LEMBRANÇA, **89**

cinco   NEM SEMPRE O QUE PARECE SER É..., **133**

seis   A LOUCURA, **169**

sete   O ACIDENTE COM O CAVALO, **191**

oito   MÃOS QUE EMPURRAM, **229**

nove   DESPEDIDAS, **259**

dez   PEQUENO DOCUMENTÁRIO, **273**

um

PAI HERÓI

Chamo-me – ou tive esse nome nesta minha última encarnação – Cleonando Rodolfo, nome completado com dois sobrenomes. Cleonando foi uma junção de Cléo, nome de minha mãe, e Nando, de Fernando, meu pai. Quando estava encarnado, chamavam-me de Nandinho ou Nando.

Penso que não compreenderíamos certos episódios de nossa história de vida se não fossem explicados pela justa Lei da Reencarnação e, consequentemente, do retorno de nossas ações.

Fiz planos, e, de repente, eles me foram podados, mas, quando me entristeci, escutei de um orientador:

– Será, Nando, que você não agiu assim no passado? Impediu alguém de realizar seus planos?

Pensei muito: "*Será que joguei um balde de água fria em outras pessoas, apagando nelas o entusiasmo da realização de seus sonhos?*".

Era assim que em espírito sentia antes de desencarnar, ainda criança: entusiasmado. Queria muito realizar meus planos junto àqueles a quem amava, queria bem. Sentia entusiasmo para realizar a tarefa proposta de ajudá-los a agir corretamente. Sentia em mim um fogo que iluminava e queria que esta luz iluminasse os caminhos deles. Fui privado dessa possibilidade.

Quando meu corpo físico morreu, fui trazido para a continuação de vida, para um educandário situado numa colônia. Amava viver ali. Porém, às vezes me sentia diferente, como se eu fosse um adulto, e, nesses momentos, sentia-me privado da realização de meus sonhos e planos. Embora isso me incomodasse um pouco, continuei com a minha rotina, estudava e brincava muito.

Soube pelos estudos, nos cursos que estava frequentando, das leis da reencarnação e da ação e reação. Nosso espírito pode revestir um corpo carnal muitas vezes e somos herança de nós mesmos. Ao assistir às aulas, sentia que sabia tudo o que estava sendo dado. Estava recordando. Com facilidade, recordei como ler e escrever.

Comecei a pensar que fora injustiça o que ocorreu comigo. Se meus planos eram bons, iria fazer o bem, não deveria ser privado disso, ainda mais porque meu pai tinha se arriscado muito para me salvar. Meu pai, meu herói!

Numa tarde, estávamos, meus amiguinhos e eu, no parque, brincando. Era intervalo das aulas.

— *Nando, conte para Melissa sua história* — pediu Renato, meu melhor amigo.

Renato e eu ocupávamos o mesmo quarto. Eram oito meninos ocupando um espaço grande, arejado, onde cada um de nós tinha sua cama, escrivaninha, poltrona, armário, brinquedos e objetos particulares. O espaço de Renato ficava ao lado do meu. Ele viera para para o plano espiritual depois de ter ficado muito doente. Neste período, três anos em que estivera enfermo, seus pais se separaram, e o pai foi escasseando as visitas. Melissa, uma menina muito bonita, teve seu desencarne por atropelamento.

Nossas conversas ainda eram sobre lembranças de nossas vidas encarnadas, sobre famílias, saudades, e sobre nossas desencarnações. Suely, uma de nossas orientadoras, afirmava que certamente iríamos nos cansar desses assuntos e apreciar outros, mais edificantes. Gostávamos também de conversar sobre as atividades dos corais em que a maioria das crianças do Educandário participava e cantava lindas canções, sobre os jogos realizados, sobre os nossos estudos e sobre os ensinamentos de Jesus.

E em vez de responder ao pedido de Renato, comentei:

— *Mudei muito!*

— *O quê?* — Perguntou Renato. — *Se ligue, Nando! Pedi a você para contar a Melissa como seu pai foi um herói e você diz que mudou muito.*

— Sinto-me diferente — falei. — Penso, às vezes, que sou adulto. Parece até que sei ler e escrever. Lá na Terra ia somente à creche. Às vezes, penso que sei muitas coisas.

— Não se aborreça por isso — Melissa tentou me consolar. — As coisas por aqui parecem mágicas. A Terra do Nunca! Prim-prim... e acontece! Até voamos. Ou melhor, volitamos. Estou aprendendo a plainar no ar como uma borboleta, um beija-flor. Não se preocupe se você, Nando, sente-se diferente, agora vive em outro mundo, o dos espíritos.

— Melissa, você gosta daqui? — perguntei.

— Se aqui estivessem comigo meu pai, mamãe, meu irmão, meus avós, tios e primos, seria perfeito. Sempre quis conhecer a Terra Mágica.

— Melissa — Renato tentou explicar —, aqui não é a Terra do Nunca ou Mágica. É o mundo espiritual, antigo céu dos anjos

— E por que mudou de nome? — quis saber Melissa.

— Penso que seja a mesma coisa — opinou Renato. — Aqui é um lugar maravilhoso, então é o céu. Nossas vidas não serão assim para sempre. Aqui não é lugar de ociosidade. Penso que é por isso que deram outro nome. Os anjos são as tias e tios que cuidam de nós. Eles até voam! Chamam esse processo "volitação". Não têm asas porque não precisam. Mas, como nada é perfeito, não podemos trazer para cá aqueles de quem gostamos. Estive pensando que mudamos de familiares. Podemos amar todos os moradores daqui como se fossem nossa família.

— Se vivemos muitas vezes, estamos sempre gostando de pessoas diferentes! — exclamou Melissa. — Nem sempre gostamos de todos nossos familiares. Nunca consegui gostar de minha avó paterna como gostava de minha avó materna. Penso que ela me fez alguma maldade na outra vida, ou pior, que eu fiz a ela. Tentamos ser amigas, ela me agradava, mas não era algo espontâneo. Mas, Nando, conte para mim, como foi sua desencarnação.

Suspirei, penso que fiquei como sempre ficava quando falava do assunto, com olhar sonhador e saudoso. Comecei a contar:

– Estávamos numa festa. Minha família era festeira. Comemorávamos o batizado de meu priminho. Muito barulho, música alta, muita comida e bebida. As crianças, umas dez, brincavam por entre as mesas. E não nos assustamos quando começou uma discussão. Depois de muita bebedeira, não era difícil ter alguma briga, com xingamentos e gritos. Nós, as crianças pequenas, abaixamo-nos e nos escondemos debaixo de uma mesa. Vi meu pai. Ele me pegou no colo, tampou meus olhos e senti um ardor no peito. Ouvi minha mãe gritar: "Nando! Nandinho! Não!". Aí eu apaguei. Não vi ou ouvi mais nada. Acordei aqui.

– Posso fazer umas perguntas? – Melissa pediu.

– Claro, pode perguntar – concordei.

– Por que seu pai o pegou no colo?

– Para defendê-lo – interferiu Renato. – Você não entendeu? O pai dele quis protegê-lo.

– Se era para defendê-lo, por que Nando foi morto? – Melissa indagou, curiosa.

– Vocês meninas não entendem – reclamou Renato. – Preste atenção, vou explicar: Nando estava numa festa, houve uma briga, e o pai dele o pegou no colo para que não lhe acontecesse nada de ruim. Entendeu?

— Entendi – respondeu Melissa –, essa parte compreendi. Mas por que ele não conseguiu impedir que o corpo físico de seu filho fosse morto? Não teria sido melhor deixá-lo embaixo da mesa? Nando, por favor, responda-me, estou somente querendo saber. Seu pai morreu, ou seja, desencarnou?

— Foi ferido, mas não desencarnou – respondi.

— Você se lembra de todos os detalhes do acontecido na festa? – perguntou Melissa.

— Ele já contou – interferiu Renato. – O resto, Nando não viu por estar com os olhos fechados, tampados.

— Isso merece uma investigação! – exclamou minha colega, entusiasmada. – Você sabe quem atirou?

— Sim – respondi –, foi meu tio Fabiano.

— Ele o odiava tanto assim? – Melissa, curiosa, quis saber.

— Não! Meu tio Fabiano gostava de mim. Dava-me presentes, doces e balas.

— Por que será que ele o quis matar? – Melissa continuou a perguntar.

— Mas por que você quer tanto saber? – indagou Renato.

— Não quero tanto saber, é que gosto de entender. Eu desencarnei porque me distraí, atravessei a rua num entroncamento, e um ônibus me atropelou. O motorista estava correndo muito porque estava atrasado. Vocês dois não perceberam ainda que temos respostas para tudo? O condutor do ônibus já tinha sido advertido por se atrasar, então se aproveitou de uma descida para correr bastante. Eu olhei para os dois lados e me esqueci do terceiro. Vi o acidente e procurei saber do que não tinha visto. Meus pais, avós e familiares sofreram muito. O motorista também sofreu, ele sentiu culpa e até se demitiu, arrumou outro emprego e não dirige mais.

— Você pensa que ele é culpado? — Renato quis saber.

— Ele não fez isso porque quis, não planejou, mas foi imprudente: se não estivesse correndo tanto, talvez pudesse ter brecado. Seus patrões também não pensaram, ao pedir para ele não se atrasar, que ele ultrapassaria a velocidade permitida e aconteceria um acidente. Minha mãe também se culpa por ter permitido que eu fosse sozinha à mercearia. Ninguém é culpado! Aconteceu! Desta vez reencarnei para voltar ao plano espiritual ainda no período da infância. Percebem agora por que eu entendo? Sei tudo que me é explicado. É bom saber dos detalhes.

Renato concordou e me indagou:

— Nando, por que seu tio o assassinou?

— Não sei! Sinceramente, não sei! — exclamei.

— O que importa é que seu pai é herói! — Renato se exaltou.

— Penso que todos os pais são heróis! — concordou Melissa.

— O meu não é! — lamentou Renato.

— Se existem motivos para alguém ser herói, existem também para não ser — falou Melissa. — São os motivos que determinam ser ou não ser. Renato, você guarda mágoa de seu pai?

— Não, nunca senti mágoa. Somente queria que meu pai gostasse de mim, que ele fosse diferente – lamentou Renato.

— As pessoas são o que são e não podemos mudá-las. Aprendi aqui que somente conseguimos modificar a nós mesmos. Obrigada, Nando, por ter me contado sua história.

Melissa afastou-se. Renato pegou seus cadernos e me chamou:

— Nando, vamos para a aula!

— Vá indo, irei em seguida.

Porém, não fui para a sala de aula, mas sim para nosso quarto.

❀

Deitei na minha cama e fiquei pensando no que Melissa dissera. Então, questionei: "Por que será que meu pai me tirou de onde havia me escondido, debaixo da mesa? Por que me pegou no colo? Será que fui assassinado porque já fui um assassino?".

Meus pensamentos não eram coerentes para um garoto de seis anos. Confuso, chorei. Passaram-se uns dez minutos, e Ivone, uma moça bonita que cuidava de nós, entrou no quarto, sentou-se ao meu lado, abraçou-me e perguntou carinhosamente:

— Posso saber o porquê dessa tristeza?

— Não sei por que estou triste!

Ela me olhou e ficou calada por uns instantes. Soube, tempos depois, que Ivone mentalmente se comunicara com um orientador, e ele pedira que me levasse até sua sala. Isso ocorreu porque Ivone ainda estava na condição de aprendiz e, naquele momento, não sabia como me orientar.

— *Nando, venha comigo, por favor! Vou levá-lo para conversar com Miguel, uma pessoa sábia que poderá auxiliá-lo.*

Pegou na minha mão, e eu a segui. Ivone, como todos no educandário, era alegre. Começou a cantar. A tristeza ali não fazia morada, era o que escutava de todos. A alegria é boa companheira! Cantávamos sempre. E bastava uma criança se entristecer para receber mais atenção e carinho. Tentavam distraí-la, e logo ela voltava a sorrir. Percebi que os períodos mais tristes aconteciam por causa da saudade, não tanto da nossa, mas daqueles que ficavam encarnados. Eu não tinha esse problema. Sentiram minha falta, mas nada que pudesse me incomodar. Meu pai havia se ferido e estava com outros problemas. Eu não sabia quais eram, mas sentia sua preocupação. Minha mãe tinha Roselinda – a Rosinha, minha irmã – e seu novo marido. Às vezes, senti que chorava por mim, porém também estava com muitas preocupações. Minha mãe mudou-se, foi morar em outro bairro, longe de meu pai. Tio Fabiano me pediu perdão, não quisera me matar, não sentia raiva de mim conforme Melissa pensou e dissera. Meu tio também estava preocupado, tinha fugido e se escondido. Meu pai e minha mãe sabiam onde ele estava, mas não contaram à polícia.

Como eu sabia disso tudo? Não entendia como. Se pensasse no meu pai, sentia-o, como descrevi, e o mesmo acontecia em relação a outros familiares. Estava mudado, sentia-me estranho, não me compreendia. Não eram pensamentos de uma criança.

Resolvi cantar com Ivone, e logo chegamos. Paramos diante de uma porta. Perguntei receoso:

— *Esse senhor vai ficar bravo comigo?*

— *Claro que não!* — respondeu Ivone. — *Por que pergunta isso?*

— *Não fui à aula, fiquei no quarto. Aqui não é a sala da diretoria? O diretor não irá me colocar de castigo?*

— *Os responsáveis pelo educandário nesta parte da colônia, que é uma cidade no plano espiritual, trabalham somente visando ao bem-estar de todos. Não existem broncas ou castigos.*

— *Aqui é a Terra Mágica mesmo!*

Ivone sorriu e me esclareceu:

— *Mágica! É a magia do Amor! O amor, Nando, conserta tudo, nos faz feliz, e, quando somos felizes, tudo é fácil!*

Ivone bateu na porta, e, ao ouvir a ordem "entre", ela entrou, me puxando. Se sentia receio, ao ver Miguel, este sumiu. Ele é um senhor muito agradável. Recebeu-me sorrindo, olhando-me bondosamente, cumprimentou-me. A sensação que tive era a de estar diante de um avô que me amava. Ivone me beijou e saiu da sala. Chorei.

— *O que você quer, Nando?* — Miguel perguntou baixinho.

— *Estou chorando porque não sei o que quero!* — respondi.

Com muita paciência e com a sabedoria de quem está acostumado a resolver qualquer tipo de problema, Miguel me indagou:

— Como tem se sentido?
— Muito estranho! Seria engraçado, se eu não estivesse confuso. Não o surpreende um garoto falar assim? Tenho seis anos!
— Seu corpinho físico estava com seis anos quando voltou para cá. Mas você, em espírito, tem mais idade. Não me surpreende e nem deve surpreendê-lo. Seja o que é! Você, Nando, é um espírito maduro e responsável.
— Está me dizendo que não devo me preocupar por ter mudado?
— Nossa mudança é constante! É maravilhoso quando mudamos para sermos um ser humano melhor. Conte-me o que está sentindo.
— Tenho visto, aqui no educandário, muitas crianças se entristecerem porque seus pais e suas famílias sofrem com suas desencarnações. A minha família sentiu, mas não muito, e eles estão preocupados.
— Ninguém deveria sofrer muito com a desencarnação. Se você sente seus familiares preocupados, é porque talvez eles estejam passando por algumas dificuldades. Ore por eles. Miguel fez uma pequena pausa e continuou a falar: — Nós, Nando, pelas nossas reencarnações, abrimos e fechamos vários compartimentos de nossas lembranças.
— São como gavetas? — perguntei.
— Para você entender, vamos pensar que cada encarnação nossa é uma lembrança que guardamos em uma gaveta, e temos muitas. Podemos fechá-las, porém estão lá, ficam aqui,

guardadas conosco em nossa memória espiritual. E, às vezes, pode ocorrer da penúltima gaveta se abrir sozinha, porque, por algum motivo, não a trancamos, e as lembranças dessa gaveta se misturam com as recentes, que ainda não foram engavetadas. Você ficou pouco tempo no plano físico e, por isso, pode ocorrer de se lembrar de acontecimentos de sua encarnação anterior que ainda são recentes para seu espírito. Por este motivo se sente assim.

Entendi e pedi:

– *Posso me lembrar de minha outra existência e opinar se quero continuar a ser o Nando ou o outro?*

– *Não existe "eu" e "o outro", somos únicos. Você é o Nando, mas já teve outros nomes, viveu de formas diferentes, porém todos os nomes que já teve são você.*

– *As gavetas estão num só cômodo, e este cômodo sou eu.*

– *É isso aí! Você compreendeu* – Miguel elogiou-me.

– *Então quero recordar a minha penúltima encarnação, penso que, ao me lembrar, entenderei o porquê de ter sido assassinado pelo meu tio. Teria sido um acidente?*

– *Sempre entendemos acontecimentos de nossa vida presente pelos nossos atos do passado. Porém, aconselho recordar os acontecimentos deste curto período que esteve no Plano Físico.*

– *Como me sinto agora, poderei entender os acontecimentos, não é? Um adulto criança!*

– *Poderei ajudá-lo, se quiser* – Miguel se ofereceu.

– *Por favor* – pedi.

— Nando, nem todos os acontecimentos de nossa vida são agradáveis. Alguns são camuflados, isto é, podem parecer ser uma coisa, mas, na realidade, são outra. Principalmente quando estamos na fase infantil.

— Está tentando me alertar? Dizer que posso entender, ao recordar, de fatos adversos ao que penso?

— Sim — respondeu o orientador do educandário.

— Quero saber!

— Então vamos analisar a família de seu pai. Sua avó...

As lembranças deles vieram diferentes naquele momento. Fui lembrando e falando:

— Vovó é atenciosa com as crianças, com os netos. Tem cinco filhos, sendo quatro homens, meu pai e tios e uma tia. Meu avô está longe, mora em outro lugar. Não! Vovô está preso. Acusado de ter matado um homem para roubá-lo. Mas ele assassinou mais pessoas, a polícia não sabe. Meu Deus! Vovó sabe e concorda com o modo de vida dele e dos filhos. Meu pai não foi casado com minha mãe. Ele sempre gostou de mim: do modo dele, me ama. Não permitia que minha mãe se afastasse do bairro porque me queria por perto e ameaçava meu padrasto, ai dele se me maltratasse. Mas não precisava ameaçar, meu padrasto é boa pessoa, e eu fui um menino obediente e bondoso. Sempre gostei do meu pai. Meus tios, ele e alguns colegas discutiam, brigavam, mas eram amigos, companheiros. Eu gostava de todos. Meu pai passeava comigo, e eu gostava muito de sair com ele. Papai é forte, alegre, veste roupas que acho bonitas. Meu herói! Agora...

Comecei a chorar. Miguel deixou que eu chorasse, ficou somente me olhando. Então me acalmei. Tentei pensar e continuar lembrando. O orientador pediu:

– Fale, Nando!

– *Por muitas vezes, meu pai ficava no carro, e eu ia entregar remédios a alguém necessitado. Ele me pedia: "Filho, não conte à sua mãe, ela não entende que o pobre homem doente precisa de remédios. É segredo nosso, de homem!" Contente, fazia direitinho o que ele ordenava. Eram drogas. Meu pai me usava para entregar drogas!*

– *E sua mãe?* – Miguel perguntou.

– *Percebo agora que mamãe tinha, e ainda tem, muito medo de meu pai e da família dele, fazia de tudo para não criar atritos, tanto que se convidada para ir às festas, ia e me levava. Mas também gostava de festas e discussões. Morava com um moço, pai de minha irmãzinha. Com minha desencarnação, entendeu que não teria mais a proteção de meu pai e se mudaram. Ela sentiu minha partida, mas está preocupada com emprego, dinheiro e a necessidade de se protegerem. Tanto que mentiu para a polícia, afirmou que minha morte foi um acidente. Será que não foi um acidente? Não quero recordar mais.*

– *Por quê?*

– *Será que meu pai não é herói?* – perguntei. – *Tenho medo de que não seja.*

– *Nando, todos nós já tivemos momentos de covardia. É difícil alguém não ter se arrependido por ter cometido uma* ação ou deixado de fazer algo por falta de coragem. Às vezes, pode ser algo importante, mas também pode ser simples. Não ter resistido a um vício, não ter enfrentado alguém, ter deixado acontecer algo que poderia ter evitado etc. Não é preciso, para ser herói, cometer uma ação extraordinária; podemos sê-lo por atos corriqueiros, no nosso dia a dia. Aconselho-o a recordar tudo. Com lembranças fragmentadas, saberá somente parte de sua história. Mas a escolha é sua.

Pensei por instantes e decidi:

— Vou recordar! Pelo que já lembrei, morava num bairro perigoso. Na família do meu pai, todos são bandidos, fora da lei, ladrões, traficantes, alcoólatras, mas são amigos e amorosos. Têm vícios e qualidades, são heróis e bandidos! Minha mãe tem medo deles, não penso que seja covarde, mas sim heroína. Mamãe trabalha como balconista, nos deixava na creche, minha irmã e eu. Ela não queria para mim uma vida de bandido. Mesmo tendo medo de meu pai, tentava me proteger e me educar.

Fiz uma pausa e continuei:

— A festa! Vou me lembrar da festa, do batizado do meu primo. Gostava de brincar, estava me divertindo quando começaram a discutir. Isso ocorria sempre: meu pai, os irmãos e até os amigos discutiam e, às vezes, trocavam socos. Quando brigavam, sabíamos, nós, as crianças, que era melhor sair de perto e procurar abrigo. Entramos debaixo de duas mesas. Agora estou vendo que a discussão era por dinheiro. Pela partilha de uma venda de drogas. Tio Fabiano acusava meu pai de ter ficado com a maior parte. Tio Fabiano pegou um revólver, meu pai recuou. Pegou-me no colo, colocando-me em sua frente como escudo, e tampou meus olhos para que não visse a cena. Os dois se equivocaram: papai tinha certeza que o irmão não atiraria em mim, e tio Fabiano, de que meu pai me largaria. Ele atirou e me acertou. Quando fui atingido, as pessoas interferiram. Minha avó determinou: todos deveriam afirmar ter sido um acidente. Chamaram a ambulância, mas meu corpo físico estava morto. Por isso, Miguel, que eu sinto papai e tio Fabiano arrependidos. Mas, infelizmente, não a ponto de se modificarem, continuam cometendo atos indevidos. A família toda está com problemas. Tio Fabiano está escondido, e eles estão receosos de que a polícia investigue o caso. Também estão com dificuldades de comprar e vender drogas por causa de outros traficantes. A preocupação deles é por esses motivos.

Chorei novamente. Miguel me consolou:

— Nando, foi bom você recordar, saber o que de fato ocorreu.

— O que irei falar ao Renato? Meu amiguinho gostava muito de me escutar falar do heroísmo do meu pai. Heroísmo que inventei. Era mentira o que falava?

— Não deve se referir a essas histórias que contava como mentiras suas — esclareceu o orientador. — Você contava o que pensava ter sido o ocorrido. Todos nós nos enganamos ou somos enganados por outras pessoas, ou até pelas circunstâncias. Pessoas podem descrever um mesmo acontecimento de formas diferentes. Pode ser que nenhuma delas esteja mentindo. As diversidades narradas dependem do local em que estavam (algumas pessoas estavam mais perto; outras mais distantes; e outras, ainda, podiam estar mais acima), se conheciam os envolvidos e prejulgam a situação. E há aqueles que preferem montar os acontecimentos imaginando-os como reais, como gostariam que fosse, que acontecesse. Você não mentiu, com seis anos no corpo físico não tinha como discernir para julgar ser um fato correto ou não.

– Meu pai não sente raiva do tio Fabiano.

– Os dois sabem que agiram errado. Acataram o que sua avó determinou. O momento não era para desunião. Iludiram-se e aceitaram que foi um acidente.

– Mas não foi, não é? – quis saber.

– Foi um ato impensado.

– O que irei fazer agora?

– Vou levá-lo a um quarto onde ficará sozinho e vou ajudá-lo a adormecer. As emoções foram muitas. Quando acordar, conversaremos novamente.

Miguel me conduziu por um corredor. Abriu a porta de um quarto bonito e pequeno, com um leito, uma poltrona e uma mesinha. Senti cansaço. Acomodei-me e adormeci.

Acordei. Senti que dormira por muitas horas. Estava descansado. Pensei em tudo que recordara, senti ser adulto. Como se fosse um homem que recorda sua infância.

– Foi bom saber o que ocorreu! – exclamei baixinho.

Bateram à porta, um moço a abriu e me deu o recado:

– Miguel está esperando na sala dele. Esteja lá em quinze minutos.

Levantei-me, ajeitei minha roupa, cabelos, bebi água e suco, esperei passar os quinze minutos e fui à sala onde Miguel estaria me esperando.

– Como está, Nando? – Miguel me cumprimentou, abraçando-me.

– Sentindo-me bem. Como ficarei? Criança ou adulto?

– Nando, somente a você cabe a escolha., Neste momento, você está maduro, e é assim que fará sua escolha. Se optar por se sentir criança, com nossa ajuda, não irá mais se sentir como agora. Continuará morando conosco aqui no educandário. Mas não se esquecerá do que de fato aconteceu naquela festa, como foi sua desencarnação. Porém, se quiser recordar sua penúltima encarnação e saber dos acontecimentos do passado, também posso auxiliá-lo. E, se optar por isso, você se sentirá como homem, e então será transferido para outra parte da Colônia, irá para uma escola própria e aprenderá a viver como desencarnado e a ser útil aqui no plano espiritual.

Pensei por uns instantes e concluí:

– Sentindo-me criança, ficarei decepcionado. Meu pai não será mais o herói que julgava. O período da infância é importante, mas prefiro a maturidade. Depois, sempre existem os porquês para os quais queremos respostas. Penso que, como criança, irei me perguntar sobre o motivo de ter desencarnado assassinado com seis anos. Sinto que houve motivos. Esforço-me neste momento para não pensar ter sido uma injustiça. Também sinto que terei de ajudar a melhoria da família de meu pai e seus amigos. E como ajudá-los se não souber o porquê de me sentir assim? Minha escolha é: lembrar o passado e me sentir adulto.

— Ajudarei a recordar!

☙

Relaxei na poltrona. As lembranças vieram à mente e fui falando devagar:
— Sou um homem, tenho uma vida simples, sou solteiro e tenho uma família estruturada. Estudei e fui ser militar. Até então, nada me aconteceu de marcante. Aí, começou a guerra. Fui para o campo de batalha. Ferido, fui me recuperar numa base. Estava me sentindo melhor, os ferimentos cicatrizavam e passei a fazer guarda. Protegia o comandante. Então, surgiu um problema e fui chamado a resolver.[1]

— Nando — disse meu comandante —, vou lhe confiar uma tarefa muito importante. Confio plenamente em você. Sei que é corajoso, honesto e de boa família.

Resultado: teria de ir a uma cidade, alguns quilômetros longe da base, alertar seus habitantes que seriam atacados, deveriam fugir e ir para a base. Na cidadezinha, deveria ter umas duzentas pessoas, todas civis, a maioria crianças, mulheres e idosos. Para chegar até lá, precisaria passar por um caminho onde sabíamos haver alguns inimigos acampados. Teria de limpar o caminho, ou seja, matar os inimigos, ir à cidade e levar a

---

1. Para não confundir o leitor e fazê-lo voltar na leitura para saber quem foi quem, e como nomes não têm importância, utilizarei os mesmos que tivemos na encarnação mais recente, no meu último estágio no físico. (Nota do Autor Espiritual)

ordem escrita para eles saírem e irem para a base pelo caminho limpo. Depois, deveria ficar por dois dias num ponto estratégico, num local mais alto perto da cidade, e voltar pelo caminho limpo. A permanência nesse local era para enfrentar algum grupo inimigo que invadisse a cidade e retardá-los na perseguição aos nativos, aos moradores da cidadezinha.

— Você será o comandante dessa ação. Confio no seu sucesso. Devo lhe dizer que solicitei auxílio, quero acreditar que o receberemos. Se meu pedido for atendido, uma tropa nossa irá ajudá-los no alto do morro. Nessa cidadezinha estão conterrâneos nossos, mas também minha esposa com meus dois filhos.

Entendi e não comentei a ordem. O motivo maior para este socorro era salvar a família dele. Sabia que dificilmente receberíamos reforço, estávamos enfrentando combates violentos e não dispúnhamos de homens para essa tarefa.

— Tenho ordens para não sair da base — *continuou o comandante a explicar.* — Se não fosse considerado deserção, eu iria. Nando, você irá com doze homens. Sei que é pouco, porém é do que disponho.

— Sem dúvida, comandante, faremos o melhor. Quem irá comigo? — *perguntei.*

— Essa é a parte mais difícil! Uns voluntários forçados. Vou explicar. Você sabe que aqui perto da base existe uma penitenciária. Os presos com penas mais brandas, que cometeram pequenos delitos, foram soltos no início da guerra para serem soldados. Deu certo. Ficaram presos somente alguns criminosos.

— Os mais perigosos – *concluí*.

— Ou aqueles que não são covardes! São criminosos, porém mataram sem o consentimento do governo. A diferença é que nós matamos com consentimento.

— A nossos inimigos! – *nos defendi*.

— A outros seres humanos – *concluiu o comandante*. — Esses doze homens escolhidos acreditam que mataram inimigos, seus desafetos particulares. Deixemos esses detalhes, vamos falar da ação. Sabe que não posso dispor de ninguém da base para ir com você. Estamos para receber ataques e precisamos defender a base. Nosso hospital está lotado de patriotas, de soldados jovens. Esses homens que irão com você escolheram ir pela liberdade. Não se preocupam, eles gostam de lutar, brigar, e, no fundo, são também patriotas e estão indignados com o que nossos inimigos estão fazendo com nosso país. O acordo para eles é: irão ajudá-lo, depois estarão livres para fazer o que quiserem, inclusive tornarem-se soldados.

— Tem dois acordos? Um deles e outro nosso? Qual é o nosso? – *quis saber*.

— Que morram todos! Nando, recebi ordem de superiores para eliminar todos os prisioneiros do presídio. Isso porque estamos tendo escassez de alimentos, e o governo não quer mais alimentar criminosos. Preferem alimentar os honestos. A ordem é para matá-los – *O comandante fez uma pequena pausa, suspirou e continuou a me esclarecer*. — No começo da guerra, os prisioneiros do nosso país passaram por testes com profissionais, e a maioria pôde escolher a liberdade para combater defendendo a Pátria. Os que não morrerem na guerra serão cidadãos livres. Continuaram somente dezenove na prisão perto da base. Atualmente são vinte, porque um soldado nosso foi acusado de traição e está detido. Este não irá com você, morrerá. Dentre esses dezenove, escolhemos doze. Eles não sabem que foram condenados à morte. Assim que você partir com os escolhidos, os oito que ficarem serão mortos. A ordem que recebi não especifica como e nem onde eles devem morrer. Então, no final da operação, você os matará.

– Penso, senhor, que não sou capaz de fazer isso. Atirar no inimigo da Pátria, sem rosto, sem conhecê-lo, para nos defender, é uma coisa. Matar conterrâneos e saber quem são é outra.

O comandante pensou por uns instantes e determinou:

– Está bem. Você não precisará matá-los. Talvez nem todos os doze fiquem vivos. Ordenarei ao responsável pela ajuda que os mate depois. Você deve ficar no alto do morro por dois dias: se não forem atacados, volte para a base pelo mesmo caminho pelo qual partiu, e, se alguns dos prisioneiros quiserem ir para outros lugares, você dará permissão. Afinal, penso que ninguém, nenhum dos meus superiores, irá querer saber o que ocorreu com eles.

Duas horas depois, estava preparado e conheci os doze homens que iriam comigo. O mais velho estava com trinta e cinco anos; a maioria, entre vinte e cinco e trinta anos. Pelos comentários que ouvi, soube que passaram uma noite maravilhosa, receberam a visita de prostitutas, comeram bem e beberam. Recebemos armas iguais, porém eu recebi um pequeno revólver, que escondi na cintura, e também algumas granadas.

O comandante repassou os planos e respondeu às perguntas de todos. Partimos. Fomos de jipes até uma cidadezinha que estava ocupada. Acompanharam-nos todos os homens disponíveis da base. Duas horas de combate intenso e libertamos a cidade. Um dos doze ficou ferido. Falaram que ele retornaria à base. Sabia, porém, que assim que partíssemos, ele seria morto.

Pegamos algumas armas dos inimigos. Os soldados retornaram à base com sete mortos e muitos feridos. Parti com os onze. Fomos caminhando. Sabíamos que, em mais dois locais, encontraríamos inimigos. Os onze estavam entusiasmados, estava sendo uma aventura para eles, e o resultado seria a liberdade. Sabia que não poderia confiar em nenhum deles e fiquei atento. O caminho era mais uma trilha na mata. Eles foram conversando. Percebi que eram amigos ou tinham feito amizade na prisão. Não falaram do que fizeram, mas de como seria a vida depois da missão. Todos tinham planos e muitos sonhos. Um jovem, Fabiano, iria para a sua cidade, onde a noiva o esperava: amava-a muito, ela sempre escrevia para ele. Prometia que seria honesto. Fernando era outro sonhador, sabia que a cidade em que morava estava ocupada, queria libertá-la e ser um herói. Outro seria soldado, lutaria contra os inimigos da Pátria, sentiu alegria em libertar aquela cidade. Escutei-os calado. Percebi que os onze eram corajosos e poderiam ser bons combatentes, porém eram insubordinados.

À noite, chegamos perto de onde sabíamos estarem alguns inimigos. O local era, ou tinha sido, uma grande fazenda produtiva. Paramos para descansar. Um deles, Felipe, foi à fazenda e nos contou o que viu. Os soldados inimigos não eram muitos, estavam na casa-sede, fizeram dos proprietários seus empregados. As mulheres eram tratadas como prostitutas. Eles invadiram a fazenda, e alguns deles permaneceram ali para levar depois a colheita para alimentar seus homens combatentes. Fizemos planos. Atacamos de madrugada. Surpreendidos, os inimigos foram facilmente rendidos. Matamos todos, eram oito soldados. Nenhum de nós foi sequer ferido. Amanheceu. Nossos conterrâneos ficaram muito agradecidos por terem sido libertados. Pedi a eles que ficassem com as armas dos inimigos e fizeram planos para se defender se fossem novamente atacados. Escutamos sobre as muitas atrocidades que sofreram, e isso nos motivou a continuar com a nossa missão. Partimos logo após termos almoçado.

Após andarmos umas duas horas, surgiu uma briga por um relógio de ouro de um soldado inimigo.

– Parem! – gritei.

Em outra ocasião, esse ato seria insubordinação, mas estava lidando com insubordinados. Resolvi a questão fazendo um sorteio do relógio. Aceitaram e, minutos depois, nem parecia que haviam brigado. Gostavam de discutir e brigar.

O segundo ataque foi mais difícil. Os inimigos estavam acampados num local de difícil acesso. Com eles, estavam sol-

dados nossos e civis presos. Estudamos bem o local: à noite, cuidadosamente nos aproximamos do lugar onde estavam os prisioneiros, matamos dois guardas e libertamos nossos compatriotas. Os homens que estavam muito feridos levamos para um local onde achamos ser mais seguro e armamos aqueles capazes de nos ajudar a combater os inimigos. Ficamos quase o dia todo lutando. O combate pior foi à noite. Muitos que estavam prisioneiros e dois dos meus homens morreram. Todos os inimigos foram eliminados. Foi um ataque difícil. Mas compensou por termos libertado nossos irmãos de Pátria. Porém, eles estavam muito machucados, tinham sido torturados e estavam desnutridos. Como se cometem atrocidades em guerras! Tantas maldades desnecessárias!

Determinei que os ex-prisioneiros ficassem no local e esperassem pelas pessoas da cidade que passariam por ali, para que juntos fossem para a base. Determinei também que, enquanto esperassem, jogassem os inimigos mortos numa vala e cobrissem com terra e pedras. Que enterrassem nossos mortos. E que ficassem com as armas e bens dos inimigos. Que um ajudasse o outro com os curativos. Os outros soldados tinham estoque de alimentos. Pedi que se alimentassem para se recuperarem e seguirem com os fugitivos da cidade, que passariam por ali.

Embora ainda sentisse desconfiança dos nove, admirei-os. Admirei o que o patriotismo despertou neles. Para mim, tornaram-se soldados valiosos. Passamos a conversar como companheiros.

Chegamos à cidade quatro dias depois de termos saído da base. Entrei sozinho, levando na mão um lenço branco. Todos os moradores estavam dentro das casas. Gritei meu nome, o do meu comandante e disse o que tinha ido fazer ali. Os homens idosos saíram, e eu expliquei tudo. Um dos moradores pediu para todos saírem, fizeram-me algumas perguntas e resolveram partir. Pedi rapidez. Eles se prepararam, levariam somente o que de fato necessitassem. Repassei todos os detalhes do caminho. Tentei adivinhar quem, entre aquelas mulheres, era a esposa do comandante, quais das crianças eram seus filhos. Não consegui saber.

Alguns idosos não quiseram ir. Acharam que poderiam atrasar as mulheres e crianças e que não conseguiriam caminhar muito. Preferiram ficar juntos numa casa e aguardar o socorro ou o ataque. Os idosos que foram concordaram em ficar para trás, andando devagar. Eles iam levar algumas armas para se defender. Partiram de manhãzinha, assim que o sol despontou no horizonte. Deixei os nove dormirem bastante para descansar, alimentamo-nos e fomos ao morro. Duas horas de caminhada e chegamos ao topo, onde havia um pequeno mirante.

– Vamos nos abrigar aqui – determinei. – As paredes desta construção são resistentes e nos darão guarida. Vamos observar o local.

Concluímos que, se os inimigos viessem, seria pelo norte, pela estrada. Pelos cálculos do meu comandante, o ataque seria no dia seguinte.

– Vamos surpreendê-los, somente atacaremos quando se aproximarem. Devem ser vinte homens inimigos. Vamos nos revezar na guarda – *falei*.

— Vai ser fácil — *entusiasmou-se Fernando*. — Assaltamos onde estavam os prisioneiros, eles estavam em maior número e vencemos. Meus filhos se orgulharão de mim.

— Você tem filhos? — *perguntei*.

— Não tenho ainda, mas vou ter!

Depois de olhar bem todo o lugar, aguardamos no mirante. No outro dia, às doze horas, vi pelo binóculo (eu era o único que tinha um) que os inimigos se aproximavam e que eram muitos. Preocupei-me. Não poderíamos com eles. Aproximavam-se rapidamente. Logo, todos nós escutamos o barulho de caminhões e jipes.

— Creio que não são vinte. Pelo barulho, são mais! — *exclamou Fernando*.

— Uns a mais não fará diferença. Temos a nosso favor a surpresa, certamente não desconfiarão de que aqui estão soldados à espera — *falou Fabiano*.

Vi pelo binóculo que eram muitos soldados e subiam pela estrada que passaria pelo mirante, e a estrada os levaria à cidadezinha que fora desocupada.

— Você não sabia que eram muitos, não é? — *Maciel me perguntou*.

Não respondi, permaneci calado. Viera numa missão suicida sem saber. De fato, retardaria os soldados e ajudaria na fuga dos habitantes da cidadezinha. Eles se juntariam aos soldados libertados, que estavam armados; sem dúvida chegariam à base; e lá talvez sobrevivessem, ou não, porque certamente a base seria o próximo alvo.

"*Por isso*", pensei, "*o comandante aceitou quando falei que não queria matá-los. Sabia que não teríamos chance. Morreríamos todos. Não teremos auxílio. Esta tropa deve estar seguindo para a cidade maior. Passará pela pequena, que foi evacuada, acabando com tudo e todos que por lá ficaram*".

Senti uma enorme agonia com a indecisão que me invadiu a mente. Falar com eles ou não? Dar o direito de escolha de ficar ou tentar fugir? Eu não fugiria. Tentaria, nem que fosse sozinho, retardar a fuga daquelas mulheres e crianças. Eu escolhi! Por que não dar o direito de escolha a eles?

"*Eles são criminosos*", pensei e concluí, "*mas são meus irmãos em Deus e de Pátria!*".

Não falei e esperamos. Eles se aproximaram do local onde estávamos e atiramos. Matamos muitos de surpresa. Eles se esconderam, e o tiroteio continuou.

— Economizem munição! Atirem com pontaria! – ordenei.

— Eu que não fico aqui! – *exclamou Maciel*.

Saiu pelo lado sul, que ia dar na cidadezinha.

— Não faça isto! – *pedi*.

Ouvimos disparos e Fabiano falou:

— Acertaram-no com vários tiros. Com certeza, Maciel morreu. Estamos cercados. Vamos resistir, certamente nossa tropa se aproxima.

Naquele momento compreendi que não haveria auxílio. Os inimigos nos cercaram, tentavam se aproximar para jogar granadas. Defendemo-nos como pudemos. Meus homens foram morrendo. Ficamos somente Fernando e eu. Não tínhamos mais munição, e eles iam invadir o mirante. Venceram-nos rápido. Peguei duas granadas e, quando iam entrar, coloquei Fernando na minha frente. Ele recebeu tiros que atravessaram seu corpo e me atingiram. Fiquei ferido. Quando um grupo de oito homens entrou no mirante, detonei as duas granadas, e tudo voou pelos ares. Morri, morremos e também morreram muitos dos soldados que nos atacaram.

A explosão ecoou na minha cabeça, o barulho foi terrível, e o fogo se alastrou. Com o impacto, em espírito, fomos arremessados para fora, a metros do mirante: eu e os outros que lá estavam. Vi tudo o que acontecia. Atordoado, fiquei sentado na grama, olhando, sem conseguir entender direito. Examinei-me, estava somente com os ferimentos que me foram feitos antes da invasão deles no mirante: eram arranhões e dois cortes; um no braço e outro na testa.

O comandante dos invasores estava irado e blasfemava. Não consigo mais dizer "inimigo". Como a guerra é cruel! "Inimigo" é uma palavra de significado forte, que causa tristeza. E não éramos isso: nem nós para eles, nem eles para nós. Lutávamos por uma causa que não era nossa e talvez de ninguém. Pensávamos que havia motivos. Porém, os motivos nada mais eram do que orgulho e ganância, frutos do egoísmo e do poder.

Não esqueço as cenas que presenciei, creio que não as esquecerei. Serão sempre dolorosas recordações.

O comandante dos invasores estava indignado porque perdera muitos soldados numa ação considerada simples. Um *grupinho de civis lhe causou uma grande perda. Embora ele falasse outra língua, que eu conhecia muito pouco, naquele momento compreendia-o perfeitamente.* Ele ordenou gritando:

— Grupo número um, vá à cidade e extermine todos os que encontrar lá. Executada a ordem, avise-nos com o sinalizador que desceremos com os feridos. Grupo dois, verifique se tem alguém pela redondeza: se encontrar, mate! Jogue este homem no fogo — *referiu-se a Maciel, que estava morto fora do mirante, (a construção do mirante parecia uma grande fogueira).* — Coloque nossos mortos neste local. Se tudo estiver bem na cidade, iremos para lá descansar, depois voltaremos aqui para enterrá-los.

Rapidamente, os encarnados foram cumprir as ordens. Três jipes com vários soldados foram à cidade.

— E agora, comandante Nando, o que iremos fazer? — *Perguntou Maciel, sentando-se ao meu lado.*

Agrupamo-nos. Ficamos os dez sentados pertinho uns dos outros. Também se agruparam os desencarnados rivais, a metros de distância de nós. Estávamos todos confusos, uns feridos, outros muito apavorados. Alguns sumiram. Nisso, vimos umas seis pessoas, espíritos limpos e tranquilos. Aproximaram-se de nós.

— Tomem água! — *um deles nos ofereceu copos grandes com água cristalina.*

Tomamos.

— Querem ajuda? — *perguntou um socorrista.*

Trocamos olhares e os observamos.

— Será que morremos? — *perguntou Fernando.*

— Desconfio que sim — respondeu Maciel.
— Covardes! Impuros! — gritou um desencarnado dos invasores, e esmurrou Fabiano. Os grupos se misturaram, esmurrando-se, xingando-se.
— Parem! Parem! — pedi, sem ser atendido.
Um daqueles que queriam nos ajudar bateu palmas, e então obedeceram, ficaram parados e calados.
— Se alguém quer vir conosco, venha para cá! — convidou-nos.
Ninguém foi. Novo convite, e somente dois se aproximaram dos socorristas, um do meu grupo e um homem do outro. Um dos socorristas levantou a mão e nos separou. Nós ficamos de um lado do mirante, e os outros ficaram agrupados do outro lado. Um daqueles que ofereceram auxílio aproximou-se de mim e convidou:
— Nando, venha conosco!
— E eles? — indaguei.
O socorrista nos olhou e respondeu:
— Para tudo existe tempo certo!
— Se eles não podem ir, eu fico! — exclamei.
Os socorristas nos deram alimentos, garrafas d'água, fizeram alguns curativos em nós e nos outros e sumiram com os que queriam ou mereciam ser socorridos. "Sumiram", foi o que pensei naquele momento. Eles volitaram, levaram os socorridos para um Posto de Socorro.
Sentado na grama, via tudo sem entender como. Vi o grupo de mulheres e crianças que saíram da cidade chegando aonde os nossos soldados os esperavam. Vi os idosos caminhando com dificuldade, eles ficaram para trás. Compreendi que não

havia perigo para eles, chegariam a salvo na base. Também vi o grupo número um dos invasores na cidadezinha: pegaram os idosos que lá ficaram, os levaram para a praça e os fuzilaram. Somente três, um casal e uma mulher, que se esconderam num porão, não foram encontrados. Os soldados soltaram o sinal, e o comandante desceu com seus homens. Vi se acomodarem nas casas para descansarem.

Ficaram ali somente alguns desencarnados do grupo rival, porque uns acompanharam seus companheiros encarnados. Deitamos e dormimos. Acordamos com o dia claro. Observei tudo. Ainda saía fumaça do mirante. Os corpos dos invasores estavam um ao lado do outro perto da estrada. Vimos um grupo de encarnados voltarem ao morro, fazer um grande buraco e enterrar seus soldados mortos. Ficamos olhando. Um desencarnado, ao ver que iam enterrar seu corpo físico, gritou, pediu para não ser enterrado. Tentou explicar que estava vivo. Os encarnados não o escutaram. Ele se sentou em cima do lugar onde seus restos mortais foram enterrados e chorou desesperado. Ele foi consolado pelos seus companheiros.

– Nas ruínas do mirante, estão somente uns restos de ossos que não foram queimados – disse Fabiano.

Os encarnados acabaram de enterrar os corpos de seus soldados e voltaram à cidade. Via-os sem entender os acontecimentos. O comandante dos invasores concluiu, ainda bem que erroneamente, que os habitantes da cidade haviam ido se abrigar na cidade maior. Descansados, partiram cedo no outro dia.

Entristeci-me profundamente. Meu comandante deveria ter me dito que o grupo de invasores era grande e que iriam invadir esta cidade importante para nosso país, isso se ele soubesse. Se eu soubesse, teria ficado do mesmo modo no mirante. Mas teria pedido para um dos que estavam comigo avisar os habitantes desta cidade e os moradores no caminho. Aí senti que esta cidade esperava a invasão e que estava se preparando. Mas, infelizmente, não teriam êxito; se não recebessem reforços, seriam massacrados. Arrependi-me muito por não ter dito, assim que entendi o que iria ocorrer, a verdade aos meus companheiros, e por não ter lhes dado opção de escolha.

Os grupos começaram a brigar. Tive até de me defender. Depois de um tempo brigando, cansávamo-nos e afastávamo-nos, para logo depois recomeçarmos a nos esmurrar. Trocávamos socos e xingamentos. Usávamos as mãos e os pés para atacar e defender. Nenhum de nós tinha armas. Esse tipo de confronto, infelizmente, vê-se em muitos lugares de lutas e guerras. Desencarnados ficam vagando e continuam duelando, sentindo ódio, raiva e rancor. Por esse motivo, o trabalho de auxílio dos socorristas é difícil, e é quase impossível serem socorridos desencarnados que vagam desejando continuar guerreando.

— Vamos nos abrigar na mata, refazer-nos e planejar o que iremos fazer — falei aos meus companheiros.

— Vamos! — concordaram.

Andamos pela mata e encontramos um abrigo. Era uma caverna. Sem sabermos, fomos para o umbral. Saíamos dali, íamos ao morro do mirante, brigávamos e voltávamos para nosso abrigo.

— Encontrei-me com um homem que me disse que morremos — falou Fernando.

— Duvido! — exclamou Maciel. — Se eu tivesse morrido, teria ido para o inferno!

— Será que não estamos no inferno? — perguntou Fabiano.

— Aqui não tem fogo. Será que acabou o combustível? — indagou Fernando.

— Ora, o inferno pode ser um pouco diferente do que os vivos falam. O que você acha, comandante? — perguntou Fabiano.

— Penso que estamos mortos, mas vivos. Morremos na invasão do mirante!

— Não sou covarde, mas estou com medo. Fui uma má pessoa! — disse Felipe.

Ficamos sem saber o que fazer. Roguei em oração, pensando nos socorristas, e eles vieram.

— Conversem conosco — pedi a eles. — Esclareçam-nos, por favor!

O grupo todo ficou atento às explicações; um deles, eram três, esclareceu-nos:

— Somos espíritos que, ao nascer, ganham um corpo de carne, e esse corpo tem tempo para ficar encarnado, isto é, para se manifestar no físico. Quando este corpo carnal morre, continuamos vivos em espírito. Existem muitos lugares para esta continuação de vida.

— Aqui é o inferno? — Fernando quis saber.

— Este local é uma morada passageira, nada é para sempre.

— Entendi — falou Maciel — Somos eternos, nada poderá nos destruir. Não somos destruídos, nos transformamos!

– Posso levá-los para um local onde receberão orientação.
– Como é este lugar? – perguntou Felipe.
– É organizado – esclareceu um socorrista. – Tem ordem. Vocês receberão alimentos, água limpa e irão estudar e trabalhar.

Os oito resolveram não ir. Eu quis, mas não queria deixá-los. Um socorrista me disse:

– Somente ajudamos quando sabemos como. Venha conosco, aprenda, e então poderá auxiliá-los.

Fui e gostei muito do Posto de Socorro para onde fui levado. Esforcei-me para me adaptar e aprender. A guerra acabou. Todos os envolvidos sofreram demais. Ainda no Além, grupos de desencarnados guerreavam. Sentindo-me apto, com permissão, fui tentar ajudar meus companheiros que ainda continuavam no umbral, no mesmo local.

Não fui bem recebido.

– Você, comandante, levou-nos para a morte! – exclamou Fabiano. – Pensa que não soubemos? Saímos da prisão para morrer. Mas também soubemos que, se ficássemos, morreríamos: fomos condenados à morte.

Resolvi contar tudo.

– Você me fez de escudo! Muito bonito! Gostaria que agisse assim com você? – Fernando me acusou.

– Não foi para não morrer que agi assim, quis detonar as granadas – defendi-me.

Como lamentei não ter lhes dado opção e como a acusação de Fernando ficou gravada em minha mente... Foi depois de muitas visitas que fiz a eles no umbral e por tê-los levado para verem seus familiares, que meus ex-companheiros resolveram vir comigo para o posto de socorro. Mas eles não gostaram de lá. Pediram para reencarnar e se prepararam. Esse preparo foi para meus amigos algo forçado, fizeram porque não havia para eles outra opção. Foram reencarnando como irmãos, filhos de pais amigos, todos numa mesma localidade, em outro país. Eu fiquei no plano espiritual tentando ajudá-los, orientá-los. Depois reencarnei, fui ser filho de Fernando e sobrinho de Fabiano.

Lembrei-me de tudo como se estivesse vivendo. Parei de falar e olhei para Miguel, que me observava com carinho.

Agora eu sabia de tudo.

ೞ

Senti-me aliviado. Recordar esses acontecimentos importantes para mim me fez bem. Embora fossem fatos tristes, fizeram-me entender muitas coisas. Lamentei-me e disse para Miguel:

— Reencarnei esperançoso de ajudá-los e não tive chance! Porém, será que conseguiria orientá-los mesmo? Fui, em minhas outras encarnações, honesto, mas reencarnei entre pessoas do bem. Tenho estrutura para ser honesto entre desonestos? Seria uma prova? Penso agora que talvez não tivesse conseguido. Não tenho ainda condições para ser testado. Ainda mais envolvido com eles e me sentindo devedor – fiz uma pausa, suspirei e continuei a lamentar-me: – Por nenhum momento me senti assassino dos soldados rivais e nem que havia sido assassinado no mirante, porém, me senti responsável pelas desencarnações daqueles que estavam comigo.

— Nando, não lamente, por favor — Miguel me pediu.

— Você não reencarnou para ser assassinado, porém, sentindo-se assassino, e, quando uma pessoa se sente assim, pode se envolver numa situação em que seu corpo físico seja morto por alguém. Ainda bem que não teve ódio. Fabiano não planejou, não quis matar. E nem quis assassinar o irmão, Fernando, seu pai. Foi uma discussão calorosa, na qual, impensadamente e imprudentemente, ele estava com uma arma na mão. Nenhum dos dois queria sua morte. Acontecimentos que nos marcam muito podem, em algumas situações, vir em nossa mente, e por isso nos levam a agir de um modo ou de outro, dependendo de nossos sentimentos. Talvez eles não o tenham perdoado com total esquecimento. Os dois irmãos não se tornaram inimigos e sentiram sua desencarnação. A tragédia foi, para eles, como algo que tinha de acontecer, por isso preferiram aceitar a sugestão da mãe, sua avó, de que foi um acidente. Um ato que ocorreu sem que eles quisessem. Se não estivessem armados, com certeza trocariam somente uns socos.

— O acidente, minha desencarnação, foi uma reação! Na minha encarnação anterior, fui enganado pelo meu superior, mas, ao perceber, deveria ter dado escolha para aqueles homens. Se eles, naquela época, tinham esperança, planos; nesta, eu também tinha. Como lhes foram cortados seus sonhos, cortaram os meus.

— Nisso você se engana! — afirmou Miguel. — Seus planos não foram cortados. Poderá ajudá-los. Não estará junto com eles encarnado, mas poderá estar desencarnado.

— Não será mais difícil? — quis saber.

— Mudar alguém sempre é difícil. Isso porque somente mudamos a nós. Penso que teria, enquanto encarnado, muito pouca chance de ajudar o grupo.

— Terei mais como desencarnado? — perguntei.

— Já disse que mudamos somente a nós. Podemos ajudar os outros com conselhos, exemplos, sendo bons.

— Por favor, aconselhe-me. O que devo fazer?

— Não se sinta mais responsável por eles, pelo grupo. Lembro-lhe que antes de você conhecê-los, eram detentos e todos culpados. Você não agiu corretamente com eles. Porém, a desencarnação desses homens, naquele momento, foi reação, como foi a sua nesta. Ajude-os, mas não se sinta mais responsável por eles. Somos somente responsáveis pelos nossos atos. Ame-os! É mais fácil ajudar amando do que se sentindo devedor. Guerra é um acontecimento muito triste. Você cumpriu ordens e não teve escolha e nem como avaliar se o cumprimento daquela ordem era ou não justo. Matar nunca é certo ou justo.

— Talvez eu não devesse ter ficado atrás de Fernando no mirante, sabendo que iria ser ferido e que teria condições de detonar as granadas matando outras pessoas. Desculpei-me pensando em salvar meus conterrâneos. E somos todos irmãos!

— Você matou e foi assassinado na reencarnação passada. Nessa recente, seu espírito foi despojado do envoltório físico *bruscamente. Isso porque você não conseguiu se livrar da culpa, anular pelo amor a reação, então a recebeu.*

— Aprendi a dar valor à vida! À minha e à alheia! — exclamei.

— Isso é bom! É um aprendizado importante! Você me pediu para aconselhá-lo. Deve estudar, aprender a ser útil. Quando estiver apto e souber como auxiliar encarnados, poderá pedir para trabalhar num local, seja num posto de socorro situado no plano físico ou em locais de auxílio a encarnados. Poderá orientar seus ex-companheiros combatentes. Poderá conversar com eles enquanto seus corpos carnais dormem e tentar instruí-los no bem. Porém, lembro-lhe que podemos aconselhar, mas cabe ao encarnado seguir, dar atenção a quem quiser, porque temos o nosso livre-arbítrio.

— *O que faço agora?*

— *O que quer fazer?* — Miguel me indagou, olhando-me com carinho.

— *Vou seguir seus conselhos. Vou estudar e aprender a ser útil.*

— O perispírito, este corpo que agora usa para viver na espiritualidade, é modificável. Se você preferir ficar como criança, terá a aparência de antes de desencarnar, mas terá seus conhecimentos e lembranças: elas são suas, não as esquecerá, e pensará com maturidade. Poderá ter a aparência que teve no passado ou ficar como se Nando menino crescesse.

— Prefiro ter a aparência de Nando crescido. Gostei muito de ter um corpo revestido de pele negra — respondi e quis saber:

— O que ocorreu comigo acontece com muitas crianças que desencarnam? Com Renato não foi assim. Ele não lembra nada do seu passado e se sente criança.

— Nando, — Miguel me esclareceu — nada na espiritualidade é regra geral. Cada um de nós tem a sua história de vida. Pelas nossas diferenças, temos necessidades diferentes. Somente em casos especiais um interno do educandário recorda suas outras encarnações. O educandário é moradia temporária. Uns moram conosco mais tempo, outros reencarnam logo, alguns voltam a ter aparência da penúltima encarnação, e a maioria dos abrigados que permanece conosco vai crescendo como se estivesse encarnada. Como disse, depende muito da necessidade de cada um.

— Como irei para a outra parte da Colônia? — perguntei.

— Vou acompanhá-lo e o deixarei instalado. Você logo se enturmará.

— Gostaria de agradecer, despedir-me dos amigos, dos professores e orientadores.

— Poderá fazer isto. Diga aos seus colegas que irá morar em outro lugar — Miguel me recomendou.

Renato me abraçou emocionado. Não queria se separar de mim. Melissa tentou saber o porquê de eu partir. Nem sentindo-me adulto foi fácil responder às suas indagações. Mas tudo deu certo. Sair da infância e ser adulto é complicado, ainda mais se isso ocorre de uma vez.

No horário marcado, Miguel me levou para a outra parte da colônia. O educandário, onde moram as crianças, faz parte da colônia. Para melhor explicar, é como um bairro de uma cidade. Ali tudo é próprio para agradar crianças. Ambiente alegre, onde todos estão empenhados em serem felizes. Para ir a outra parte, onde residem os adultos, é só atravessar uma avenida arborizada e florida. As crianças não estão presas, elas podem ir a todos os lugares que quiserem, mas normalmente elas saem do educandário somente para visitas, para ir ao teatro e a festividades. O coral infantil vem muito se apresentar nesta parte da colônia.

Gostei demais da morada dos adultos, embora sentisse saudades do educandário. Fui residir na escola e, com entusiasmo, recordei-me de muitas coisas e aprendi muitas outras. Fiz amigos e passei a fazer tarefas. Quando a direção da escola concluiu que estava apto, vim trabalhar num centro de umbanda na cidade em que meus familiares, desta minha última reencarnação, residem. E comecei meu trabalho de auxílio junto a eles. Não mais me sentindo responsável, porém amando-os. Tento orientá-los, conversar com eles, quando, em perispírito, afastam-se do corpo físico adormecido. Quando faço isso, aparento ser o Nando com seis anos de idade. Os resultados são poucos, mas me deixam contente. Meu trabalho na equipe umbandista também tem sido satisfatório. Isso tem uma razão: amor. Tenho gostado de auxiliar sem esperar nada em troca. É bom fazer o bem. Acabei conseguindo que alguns deles viessem ao centro umbandista, que lembrassem de orar, fazer caridades, e tenho pedido para não agirem com maldade, que não roubem e trafiquem. Não é fácil para eles. Existem vícios que se enraízam em nós, e faz sentido a expressão que diz "cortar o mal pela raiz". E, conseguindo cortar, deve-se ficar atento, orar e vigiar para que o mal não brote e cresça novamente. E essa ajuda que tento dar é de maior importância para mim. Porque a modificação maior está sendo realizada em mim.

Planejo continuar neste trabalho até a desencarnação de Fernando e Fabiano. Depois, devo voltar a residir na Colônia, completar meus estudos, fazer outros trabalhos e reencarnar. Desta vez, livre das reações negativas, porém com provas a serem vencidas.

Ainda bem que temos a reencarnação, o retorno de nosso espírito ao plano físico. E a graça maior é que esquecemos. Temos um recomeço e oportunidades de reparação, de ajudar e sermos ajudados, de aprendermos a nos amar e a amar os outros.

Compreender a reencarnação é ter um entendimento maior da vida, do Criador e da Sua infinita sabedoria. E os chavões "Deus quer", "Deus quis" ficam ainda mais sem sentido quando compreendemos que o amor tenta sempre nos ensinar, e, quando nos recusamos a aprender, a dor ensina. E como aprendemos nas inúmeras vezes em que nossos espíritos se vestem de corpos físicos diferentes!

Bendita a oportunidade da reencarnação!

Cleonando.

dois

VENCENDO UMA TENDÊNCIA

Eu, Maria do Rosário, ou somente Rosário, como todos me chamavam, ou chamam, estou aqui para ditar minha história, afirmando que a reencarnação, no meu conceito, é a mais justa das leis de Deus, nosso Criador e Pai Amoroso.

Reencarnei numa família pobre. Adolescente, precisei trabalhar para ajudar em casa. Conheci Isac, namoramos, noivamos e casamos, tínhamos ambos dezessete anos. Trabalhávamos muito, compramos nossa casa e tivemos filhos: Marcelo, William e Aline. Tivemos os problemas comuns dos encarnados, doenças e dificuldades. Com nós dois trabalhando, compramos, além da casa em que morávamos, mais duas casinhas, que alugávamos.

Porém... (em nossa vida, sempre existe o "porém", o "mas", o "quase", e muitas vezes o doloroso "se"), desde pequena, tinha muitas dores de estômago, e também me doíam o esôfago e a garganta. Fiz muitos tratamentos. Tinha lembranças estranhas, que vinham como se fossem pensamentos. De uma mulher muito cansada, com lenço na cabeça, de crianças sujas e com fome.

Quando estava com doze anos, um vizinho se suicidou. Ouvi minha mãe comentar e pedi para ela me contar.

– Rosário, o senhor Antônio se matou. Dizem que ele estava se embriagando, tinha muitas dívidas, a mulher queria se separar dele, e aí ele ficou desesperado e se matou.

Chorei tanto que mamãe se assustou. Fiquei acamada, triste, e orei muito, pedindo para Jesus não deixar que eu me suicidasse. Minha mãe não entendeu o porquê de minha reação e tentou conversar comigo.

– Rosário, meu bem, não se impressione, esqueça isso.

– O senhor Antônio vai sofrer muito – afirmei com convicção.

– Como sabe?

– É muito triste a vida de quem se suicida. Eu sei!

– Rosário – minha mãe tentou me consolar –, Deus é misericordioso e nos perdoa.

– Eu sei que perdoa. Mas eu sofri – falei.

Mamãe ficou preocupada, levou-me para ser benzida e para conversar com um religioso, que aconselhou a me distrair. Deu certo, e eu esqueci.

Sonhava muito com um enterro. Eram quatro caixões brancos e pequenos e outro grande e roxo. O cortejo parava numa igreja, entravam os quatro caixões brancos, e o roxo esperava do lado de fora da igreja, no chão, perto da escada. Normalmente, acordava chorando ou chorava depois, de tristeza.

Uma vez vi uma casinha pobre no meio de um grande terreno e senti uma tristeza tão grande que doeu meu peito. Pensei que, sem dúvida, conhecia um lugar parecido. Tonteei, desviei meu olhar da casinha, mas, assim mesmo, fiquei com a visão do casebre na mente.

Com meus filhos pequenos, essas sensações diminuíram, e os sonhos também.

Meu esposo ficou doente, teve câncer. Foi um período muito difícil. Ver alguém que amamos sentir dores é muito sofrimento. Isac era jovem ainda, queria muito viver, amava os filhos, desejava vê-los adultos, casados e ter netos. Lutou para continuar encarnado e ficou muito tempo internado no hospital. Eu sempre trabalhei: nesta época era empregada de uma padaria, era balconista, fazia o serviço de casa e cuidava de meu esposo. Meus filhos, mesmo pequenos, ajudavam-me.

Isac desencarnou depois de muito padecer. Esforcei-me para ser forte por causa das crianças. Marcelo estava com nove anos; Willian, com sete; e Aline, com quatro. As dores de estômago ficaram muito fortes e passei a tomar vários remédios.

Éramos um casal quase perfeito. Isac e eu nos amávamos e combinávamos muito. Sentia muito a falta dele e o peso da responsabilidade de criar os três filhos sozinha. Estava cansada, triste e pensei: "Por que não me mato? Assassino as crianças e me suicido. Encontraremo-nos com Isac e não sofreremos."

Quando estes pensamentos vinham à minha mente, esforçava-me para repeli-los, orava e agradava as crianças. "Não vou fazer isso, não mesmo!", determinava.

Pensei em me matar várias vezes. Cheguei até a comentar isso com colegas no trabalho e ouvi, graças a Deus, palavras de consolo e de ânimo. O período difícil passaria.

Continuei no meu emprego na padaria e, para dar mais conforto aos meus filhos, não tirava férias e raramente pegava minha folga semanal. Meu marido não pagou plano de aposentadoria e eu não recebi pensão. Passamos a viver com meu salário e o aluguel das duas casinhas. Fazia também todo o serviço de casa. Por trabalhar muito, estava sempre cansada. Meus filhos eram obedientes e estudiosos. Sentia que deveria dar a eles mais atenção e, quando ficávamos juntos, conversava e os agradava.

Apareceram em Aline manchas brancas na pele. Levei-a em médicos, ela estava com vitiligo. Fiz de tudo para minha menina receber o melhor tratamento.

Tivemos problemas, mas todos solucionáveis. Continuei trabalhando na mesma padaria, no mesmo ritmo, e anos se passaram.

Marcelo estudava no período da manhã e, com quinze anos, foi trabalhar numa sorveteria perto de casa, das dezesseis às vinte e duas horas. Do dinheiro que recebia, ele guardava uma parte, comprava roupas para ele e para os irmãos. Então eu pude pegar minha folga semanal.

Aline não era bonita, as manchas brancas aumentaram: ela era tímida e muito delicada.

Marcelo estava para completar dezoito anos, e a garota de quem ele gostava foi indelicada com ele. Cheguei em casa e o encontrei chorando.

– Mamãe – contou Marcelo –, ela simplesmente disse que não quer me namorar. Hoje me enchi de coragem e a pedi em namoro. Respondeu-me que não quer namorar com empregadinho de sorveteria. Que a mãe dela tinha razão em dizer que ela merecia alguém melhor.

Consolei-o. Marcelo estava deitado, deitei perto dele e dormi. Estava cansada. Acordei e me desculpei. Meu filho me abraçou e disse:

– Ficar pertinho de você me fez muito bem. Está cansada porque sempre se sacrificou por nós. Vive pelos filhos. Não merece sofrer por nenhum de nós três. Você dormiu, e eu a fiquei olhando. Vi rugas precoces em seu rosto e senti seu amor. Você é bonita, mamãe, e nunca se interessou por mais ninguém porque nos colocou em sua vida do primeiro ao último lugar. Obrigada, mamãe! Não se preocupe, vou esquecer essa garota.

Marcelo foi promovido a gerente no horário da tarde. Acabou o curso médio, mas, naquele ano, resolveu fazer um cursinho para entrar na faculdade e se matriculou em cursos de inglês e espanhol.

Willian se transferiu para o horário noturno na escola e foi trabalhar numa banca de jornal, também perto de casa.

Aline fazia quase todo o serviço de casa. De fato, nossas vidas melhoraram, e eu fiquei menos sobrecarregada. Agradecia a Deus. As pessoas que me animaram tinham razão: o período difícil passa. Mas também passam os dias tranquilos.

Marcelo tirou carteira de habilitação e comprou um carro seminovo, bonito e conservado. Ficamos todos contentes. Ele sentia muito prazer em passear conosco.

Meu filho mais velho fez dezenove anos; Willian, dezessete; e Aline estava para completar quatorze anos. Os três foram convidados para uma festa, que seria no sábado, numa chácara. Seria o aniversário de um amigo e vizinho. Os três iam de carro. Saí para trabalhar e fiz recomendações, aquelas que as mães costumam fazer.

Eram quatro horas da tarde quando me avisaram que meus filhos tinham sofrido um acidente. Fiquei parada e veio à mente meu sonho com os cinco caixões, os brancos e o roxo. Desmaiei.

Logo que voltei do desmaio, uma colega de trabalho me levou de carro ao hospital. Uma senhora me levou, segurando minha mão, a uma sala, e delicadamente me falou que o acidente havia sido grave. Tentando amenizar a notícia, acabou dizendo que os meus filhos, os três, haviam morrido.

Não disse uma palavra, fiquei imóvel, penso que nem pisquei. Ela me deu um calmante, eu tomei e continuei parada por minutos. A senhora orou em voz alta pedindo a Deus conforto e auxílio. Quando ela acabou de orar, perguntei:

— Como foi?

— Seus filhos iam a uma festa numa chácara. Num cruzamento, um carro vinha em alta velocidade. A preferencial era de seu filho, o outro carro que precisava parar. As pessoas que viram o acidente disseram que seu garoto hesitou, até diminuiu a velocidade, mas seguiu, e o outro veículo não parou. Faleceram os quatro. Seus filhos e o motorista do outro carro.

Vieram à minha mente os caixões. Os brancos seriam os deles? E o roxo? Seria o meu? Fora meu sonho premonição?

Foram ao hospital alguns parentes, amigos e vizinhos, que me levaram para casa e ajudaram a separar roupas para eles serem enterrados. Também troquei de roupa. Parecia um robô.

Lembro-me pouco do velório. Foi de poucas horas. Demoraram para prepará-los. Meu patrão, pessoa boa e honesta, cuidou de tudo. Cedeu uma carneira, um túmulo simples que havia comprado para ele e a família, para que meus filhos pudessem ser enterrados juntos.

Fiquei recebendo os pêsames sem conseguir chorar. Depois do enterro, uma vizinha me levou para a casa dela e me deu um remédio, então dormi por horas.

Acordei e foi nesse momento que entendi que não ia mais ver meus filhos. Chorei, sentida. Essa vizinha me forçou a me alimentar e foi comigo à minha casa. Quis ficar sozinha. Coloquei alguns objetos no lugar, aguei as plantas e fechei os dois quartos que eles ocupavam: os meninos dormiam em um, e Aline, no outro.

"Não vou mais entrar nos quartos deles", decidi. "Vou fechá-los. O que irei fazer agora? É melhor morrer. Porém, não posso morrer devendo. Preciso acertar com meu patrão. Vou procurar saber se meus filhos devem a alguém. Sei que Marcelo tem dívidas com o patrão dele. Como pessoa honesta, devo acertar."

No outro dia, fui trabalhar. Assustei os colegas, ninguém me esperava. Quis falar com meu patrão.

– Não sei como lhe agradecer. Quero pagar ao senhor.

Acertamos a forma como iria pagar. Expliquei que preferia trabalhar para não ter tempo de pensar. Fui também à escola onde meus filhos estudavam, peguei tudo o que era deles e negociei a forma de pagar o ex-patrão de Marcelo. Um mês depois, fui ao cemitério e chorei muito.

Esforçava-me para me alimentar e fazer meu trabalho bem feito. Recebi muita ajuda, consolo, e agradecia comovida.

Numa folga, fui organizar os objetos de meus filhos. Surpreendi-me: numa gaveta de Aline, vi fotos e escritos dela sobre um colega de escola. Ela gostava de um menino que a desprezava. Senti dó dela.

Meses depois, paguei as dívidas e pensei: "É hora de morrer. Mas será que quero pessoas estranhas ou parentes mexendo nas coisas que foram de meus filhos e minhas? Não quero. Vou doar."

Fui à igreja e perguntei onde poderia doar. Uma moça me informou que na igreja de um bairro pobre eles atendiam jovens carentes e necessitados, e lá minha doação seria bem aproveitada. Convidou-me para conhecer esse trabalho voluntário.

Aceitei o convite e lá vi muitos jovens necessitados e desajustados. Compadeci-me. Na semana seguinte, duas voluntárias, com seus carros, passaram em casa para pegar o que seria doado. Fiz isso pensando que era preferível eu doar para quem não conhecia a alguém mexer e até fazer críticas sobre esses objetos.

Indo com elas me senti em paz ao ver a alegria dos que receberam minha doação. Pensei que meus filhos tinham boas roupas se comparados aos que pouco têm.

Nos dias seguintes, queimei cadernos, álbuns de fotos, desfiz-me de tudo que era íntimo.

Uma voluntária foi à minha casa.

– Rosário, vamos à reunião. Hoje será importante, planejaremos o que faremos nos próximos meses.

Insistiu tanto que fui. As pessoas planejaram, entusiasmadas, como auxiliariam. Convidaram-me a fazer umas visitas. Aceitei.

Fomos em grupos visitar algumas famílias e pessoas com dificuldades. Foi então que conheci Maria, mãe de oito filhos: um estava preso; dois eram viciados em drogas; e duas filhas, garotas de programa. Ela lamentou os erros dos filhos e me disse que se eles não se modificassem, ao morrer iriam para o inferno. Que ela preferia tê-los mortos e bons do que maus e vivos.

Refleti muito sobre o que ela me disse. Sentia saudades dos meus filhos. A falta deles chegava a doer. Mas os sentia bem, que estavam tranquilos e contentes. Calculei que Maria deveria sofrer mais do que eu. E passei a visitá-la sempre.

Um dia no trabalho, tive a visão dos caixões. Tonteei, e outro empregado, distraído, esbarrou em mim. Então derrubei uma garrafa que segurava e um caco cortou minha perna.

Fui ao hospital, o médico deu pontos no meu corte e me recomendou repouso. Voltei para casa. Pensei muito. "Tenho os comprimidos para dormir que o médico me receitou quando meus filhos faleceram, é só tomá-los e, pronto, morrerei. Mas será que irei para o inferno? Se for para o inferno, não ficarei com meus filhos e nem com Isac, que só podem estar no céu. O que faço? Vou orar e pedir a Deus que me ilumine."

Rezei muito. Senti-me tranquila. Aproveitei meu afastamento para fazer visitas e ir ao trabalho voluntário.

Quando tentamos fazer o bem a alguém, a nós o fazemos. Quando enxugamos lágrimas alheias são suavizados os motivos que nos levam a chorar.

Trouxe para casa três adolescentes cujo pai estava na prisão, e a mãe, no hospital. Eles não tinham onde ficar.

Mas, por mais que tenha me esforçado, não deu certo. Eles não tinham bons modos, tinham hábitos muito diversos dos meus filhos. Ficaram comigo vinte dias, a mãe saiu do hospital e preferi ajudá-la fazendo a compra de alimentos para eles.

Fiz novas amizades e passei a fazer parte da equipe desse trabalho voluntário. Na padaria, trabalhava no horário determinado e não fiz mais horas extras: tirava minhas folgas e também as férias. Mudei para a minha casa menor depois de reformá-la. E todo o dinheiro que não gastava doava aos pobres que assistíamos. E quando pensava no meu suicídio, tinha um motivo para adiá-lo. Sempre alguém estava precisando de minha ajuda. "Agora não", pensava, "devo ajudar dona Benedita ou o senhor Raul, a neném da Sara..."

Fiquei sabendo quem era o moço que dirigia o outro veículo, o que causou o acidente. Era o terceiro filho de um casal de pessoas honestas. Quis conhecê-los e dizer que não sentia mágoas. Afinal, sentíamos a mesma dor. Fui domingo à tarde visitá-los. Uma senhora me recebeu no portão.

– Boa tarde – disse. – A senhora com certeza não me conhece, mas deve ter ouvido falar de mim. Chamo-me Rosário, sou a mãe dos jovens que morreram no acidente em que seu filho faleceu.

A senhora tonteou, olhou-me assustada e senti que ela ia entrar correndo. Então pedi:

– Senhora, por favor, estamos ambas sentindo a mesma dor. Seria bom conversar e nos consolar. Posso entrar?

Laíza, assim chamava a mãe do causador do acidente, não conseguia falar, mas abriu o portão e eu entrei na casa. Sentei no sofá, e um senhor entrou na sala. Apresentei-me.

– O que veio fazer aqui? – perguntou o senhor.

– Conversar – respondi. – Num acidente, não deve existir culpa. Vocês sofreram, e eu também.

Os dois sentaram e nos calamos por segundos. Resolvi falar:

– Vim aqui porque nossos filhos faleceram juntos. A nossa dor foi, e é, igual.

Laíza chorou, e o senhor, que se chamava Tales, suspirou e falou:

– É muita delicadeza sua vir nos visitar. Assustamo-nos porque sabemos o que aconteceu. Pensamos até em visitá-la e nos desculpar pelo nosso filho, mas temíamos sua reação. Tínhamos três filhos como você, mas ficamos com dois, e você, com nenhum.

– Não penso assim. Tive três filhos e ainda os tenho. Serei sempre a mãe deles.

– Para você afirmar isso, deve ter conseguido reagir bem a esta tragédia. Como conseguiu superar? – indagou Laíza.

– A morte de meus filhos foi a maior dor que já senti. Porém, acredito que irei reencontrá-los um dia, e a separação é temporária.

Ficamos conversando. Fui convidada a tomar café, aceitei, e continuamos falando sobre a saudade, a ausência e sobre nossos filhos.

— Posso lhe pedir perdão? – perguntou Tales a mim.

— Não tenho nada a perdoar – respondi.

— Rosário – disse Laíza –, este pedido de perdão tem razão de ser. Márcio, nosso filho, estava muito triste por alguns fatos desagradáveis que aconteceram a ele. Penso que talvez estivesse com depressão. Naquele sábado, após o almoço, despediu-se de nós de maneira diferente. Pensamos que ele poderia ter causado o acidente para morrer. Depois, mexendo nos pertences dele, encontramos alguns escritos em que Márcio demonstrava sua vontade de acabar com a própria vida.

Estremeci. Pensei em Deus, em Jesus, e roguei por forças. Se o filho fez isso, os pais não tiveram culpa. Pensei também que, se ele queria morrer, não deveria ter matado outros, que não queriam deixar a vida física. Suspirei. Falei tranquila:

— Não importa como foi. Não faz diferença. Eles faleceram. Minha dor não aumentará por saber disto. Vocês me pedem perdão. Quem sou eu para não perdoar? Perdoo-os, perdoo Márcio e vou orar por ele.

— Será que adianta orar por ele? – perguntou Tales.

— Por que não? – indaguei admirada.

— Suicidas não precisam de preces porque estão condenados – lamentou Laíza.

Não sei como tive a ideia de dizer o que falei. Senti dó daqueles pais e de Márcio e também vontade de confortá-los.

— Somos todos filhos de Deus. Se nós, que somos humanos e falíveis, perdoamos nossos filhos de todos os erros, por que Deus não nos perdoaria? Eu perdoo Márcio, e vocês também devem perdoá-lo e pedir para ele se perdoar. Orem por ele e lhe desejem paz.

– Às vezes penso em me matar para cuidar dele no inferno! – exclamou Laíza.

– E causar mais dores? – indaguei. – Seus outros filhos iriam sofrer, e seu marido também. Seria uma necessitada, e um necessitado não auxilia outro. Você pode ajudá-lo perdoando-o e orando por ele.

– Você tem certeza do que está falando? – perguntou Tales, esperançoso.

– Tenho, porque confio em Deus. Eu tive minha dor amenizada quando tentei amenizar as dores alheias.

Falei a eles sobre meu trabalho voluntário. Conversamos por horas. Fiz um enorme bem a eles e a mim. Senti muita tranquilidade e, naquela noite, sonhei com meus filhos e nos abraçamos demoradamente. E de manhã joguei a caixa de remédio de sonífero no vaso sanitário. Não queria tê-lo mais comigo e decididamente não me suicidaria. Morreria quando terminasse o tempo determinado para que eu ficasse no corpo físico.

Passamos a nos encontrar, Tales, Laíza e eu, para conversarmos e nos consolarmos. Os dois foram ajudar como voluntários numa creche no bairro em que moravam. Perdoaram o filho e passaram a orar muito por ele.

Numa tarde de domingo, recebi a visita de um dos meus sobrinhos. Creio que devo contar que eu sempre me dei bem com os familiares, mas nunca tive tempo para ajudá-los e recebi pouca ajuda deles.

Meu sobrinho fez rodeios, para depois falar:

— Tia Rosário, depois que meus primos faleceram, os herdeiros da senhora somos nós, seus sobrinhos. Somos em sete. Todos nós estamos necessitados de dinheiro. A senhora não precisa de muito para viver, então venho pedir para que venda as duas casas alugadas e nos dê o dinheiro.

Assustei tanto que não consegui responder. Depois de uns segundos calada, recuperei-me e falei:

— Vou pensar. Agora tenho um compromisso. Tchau.

Aborreci-me, entristeci-me e resolvi não vender nada. Sentia prazer em ajudar os pobres. Não dei resposta e me afastei um pouco mais da família.

Continuei a trabalhar na padaria porque gostava e me distraía.

E o tempo passou...

୬୦

Doze anos se passaram depois que meus filhos faleceram. Depois de uma visita a um bairro pobre, reunimo-nos para planejar a festa que faríamos no Natal. Senti-me cansada e me sentei.

Vi novamente os caixões: os quatro brancos entraram na igreja, e o roxo mudou de cor, ficou branco e também entrou na igreja.

Senti uma dor muito forte no peito.

– Rosário, o que você tem?

– O que está sentindo?

Não consegui responder às minhas amigas. E vi meus três filhos e Isac sorrindo para mim, estendendo as mãos. Fui com eles.

Meu espírito deixou o corpo físico morto. Acordei e fiquei em dúvida do que teria acontecido comigo. Lembrei-me de que vira Isac e meus filhos. Saudosa, quis vê-los novamente. Aquela visão foi linda. Observei o local onde estava e concluí que deveria ser um hospital muito organizado. Espreguicei-me, não senti dor e estava disposta. Resolvi aguardar, e logo uma moça bonita entrou no quarto.

– Boa tarde, Rosário!

"Será que ela me conhece? Deve ser por ter o nome na ficha", pensei. E respondi:

– Boa tarde. Estou me sentindo disposta. Posso me levantar?

– Sinta-se à vontade.

– O que eu tive? – quis saber.

– Um enfarto.

– E já estou bem assim?

– Isto não é bom?

– É ótimo – respondi contente.

"Isto está estranho", pensei. "Nem dor nas costas estou sentindo. Meu estômago não dói. Sofri um enfarto e acordei bem. Tenho certeza de que vi Isac e meus filhos. Será que esta enfermeira pensará que estou louca se perguntar por eles?"

– Quem me trouxe para cá? – resolvi perguntar.

— *Familiares* — respondeu a enfermeira.
— *Meu esposo e filhos?*
— *Sim* — a enfermeira afirmou tranquilamente.
— *Morri! Vou vê-los! Graças a Deus!* — exclamei contente.
Levantei rapidamente da cama e pedi:
— *Por favor, quero vê-los.*
— *Vou chamá-los.*

Os minutos demoraram a passar e, quando a porta abriu e vi os quatro, pensei que fosse desmaiar de felicidade. Abraçamo-nos demoradamente, chorando emocionados. Olhei um por um. Isac estava bem, saudável e me olhou com carinho. Marcelo estava lindo como sempre, e Willian também. Minha Aline não tinha nenhuma mancha, e sua delicadeza dava-lhe um encanto especial, estava bonita minha menina.

Quis saber deles. Os quatro moravam juntos numa mimosa casa onde me aguardavam. Estudavam, trabalhavam e estavam felizes.

Os dias passaram como se estivessem encantados. Nem queria dormir, com medo de acordar e não ser verdade o que acontecia.

Voltaram à rotina, mas sempre um deles ficava comigo e saíamos para passear: levaram-me para conhecer a cidade espiritual, uma linda colônia.

Sentindo-me bem, quis trabalhar e comecei a fazer pequenas tarefas, mas logo comecei a ir às enfermarias com Aline para ajudá-la na sua tarefa.

Soube o que ocorreu comigo. Um enfarto expulsou-me do meu corpo físico, causando minha desencarnação. Minhas companheiras do trabalho voluntário chamaram a ambulância, mas meu corpo carnal chegou morto no hospital. Meu patrão providenciou o enterro, e minha vestimenta física foi sepultada junto de meus filhos. Recebi muitas orações, desejando que estivesse bem. Amigos sentiram a minha falta.

Houve brigas pelo que deixei. Sobrinhos de Isac acharam que também tinham de receber. Porém, foram meus irmãos os herdeiros. Venderam tudo e dividiram o dinheiro. Estranharam por eu ter poucas coisas e nenhuma foto. Meus documentos estavam numa caixa.

Numa tarde, Marcelo me levou para conhecer um jardim onde há um lago maravilhoso. Sentamo-nos num banco e ficamos apreciando o lugar.

– Marcelo, vocês sabem como desencarnaram? Viram o acidente?

– Sim, mamãe, nós vimos. Senti-me culpado por não ter parado o carro. Mas foi me explicado que não tive culpa.

– O outro motorista, Márcio, provocou o acidente – falei.

– Sabemos disso, mamãe. Fomos socorridos logo após o acidente. Willian, Aline e eu ficamos juntos, vimos o papai e nos recuperamos logo, adaptando-nos rápido. Nossas desencarnações foram tranquilas e agradecemos o auxílio recebido. Quisemos saber o que aconteceu com o motorista do outro veículo. Ele estava sofrendo muito no Vale dos Suicidas. Sentimos muita pena. E aí pedimos ajuda a você para auxiliá-lo. E, bondosa como sempre, atendeu-nos e foi visitar os pais dele. Fomos juntos.

— Vocês eram a energia boa que senti? Vocês que me deram a tranquilidade? – perguntei.

— Tentamos e conseguimos. Ficamos muito contentes com sua atitude. Ajudou Tales e Laíza e muito, mas muito mesmo, o Márcio. Ele sentiu o nosso perdão, o seu, o dos pais, e pediu socorro. Está, no momento, num hospital. Nós o visitamos e o incentivamos a melhorar. Como o perdão faz bem! É o precioso remédio para as enfermidades e sofrimentos do espírito.

Fui estudar e trabalhar, porém bastava ficar sem fazer nada para lembrar do casebre. Comecei a sentir que eu fora a mulher pobre com o lenço na cabeça. Também vinha na minha mente a imagem do enterro, dos caixões. Das visões desagradáveis que tivera tantas vezes quando encarnada. Do enterro como era feito até mais ou menos a metade do século 20, principalmente em pequenas cidades. O corpo era velado na casa do falecido, e o cortejo saía de lá, pessoas acompanhavam a pé. Passava-se numa igreja para que fosse dada a bênção e depois era realizado o enterro.

Numa tarde, coincidiu de estarmos todos de folga, Isac, eu e nossos filhos, então ficamos a conversar e contei a eles sobre as minhas visões.

— Mamãe – falou Marcelo –, você deve ter entendido que a morte do corpo físico nos leva a viver de forma diferente. A vida continua, e recebemos aqui, no Além, o que fizemos por merecer. Moramos no plano espiritual o tempo que nos é necessário para depois voltarmos a vestir outro corpo carnal. Isso se chama "reencarnação". Para tudo tem explicação, se compreendemos esta justa lei.

— Vocês tiveram motivos para terem desencarnado jovens? — quis saber.

— Sim, tivemos — respondeu Marcelo. — Vou contar o porquê de ter voltado jovem para o Além. Primeiro, quero explicar, mamãe, que a desencarnação não é castigo, principalmente para as pessoas boas e desapegadas. Nascer e morrer, ou seja, encarnar e desencarnar, são ciclos da vida. Na minha penúltima encarnação, era saudável e, por ter sido repelido por uma moça muito bonita, não quis continuar encarnado. Pensando estar sofrendo muito, planejei minha morte. Suicidei-me. Sofri muito porque havia aprendido conceitos religiosos e sabia que esse ato era pecado, era errado. É um erro grave se matar. Mas a bondade de Deus é infinita: fui socorrido, levado para um hospital onde fiz amizades, e recebi a bênção da reencarnação.

— Eu — contou Willian — também sou um ex-suicida. Cometi um ato de insubordinação na outra existência e, com medo das consequências, numa ação desesperada, suicidei-me. Roubei de meu pai uma grande quantia de dinheiro, fui viajar com meus amigos e gastamos tudo. Meu genitor guardava essas economias para pagar seus empregados e para plantar milho. O dinheiro que roubei acabou e fiquei com medo de voltar. Meus amigos foram para seus lares, fiquei sozinho e me matei. Também sofri muito, e o pior foi ver meus pais sofrerem. Fiquei um tempo no Vale dos Suicidas e depois fui levado a um hospital apropriado, para socorrer esses imprudentes. E, lá, fiz amigos.

— Mamãe — falou Aline —, eu também me suicidei na minha reencarnação anterior a esta. Era feia e, mocinha, apaixonei-me. O moço que amava encontrou-se comigo somente para farrear, e eu fiquei grávida. Ele viajou sem se despedir de mim. Amigos contaram-me que ele não ia mais voltar. Matei meu corpo físico. Sofri muito, mas o socorro veio, e recebi um grande aprendizado entre amigos, nesta reencarnação. De fato, aprendi a dar valor à vida em todos seus estágios, físico e espiritual.

Olhei para Isac, e ele contou:

— Também sou um ex-suicida. Na minha vivência na carne, no passado, era casado, tinha filhos e, por ter perdido muito dinheiro numa transação financeira, arruinei-me e me suicidei. Sofri muito e, pela minha morte, fiz sofrer a minha família. Socorrido, fiz amizades e decidi reencarnar para provar a mim mesmo que, diante de uma dificuldade, não mataria meu corpo físico. Como Isac, senti dores terríveis com o câncer nos ossos. Tive oportunidade de matar minha vestimenta física e não o fiz. Uma vez, no hospital, uma enfermeira esqueceu uma caixa de remédios na mesinha ao lado do meu leito. Sabia que se tomasse alguns comprimidos, desencarnaria. Não toquei neles. Em outra internação, um médico falou comigo de maneira sutil que poderia me aplicar uma injeção para não sofrer mais. Recusei e respondi: "Quero que meu corpo morra quando chegar a hora". E tive, desta vez, uma desencarnação bem diferente da outra em que me suicidei. Em paz comigo, meu retorno ao mundo espiritual foi tranquilo.

– Eu também – contei – senti, quando encarnada, vontade de me matar, mas resisti.

– Ainda bem, mamãe! – exclamou Willian. – Se tivesse se suicidado, não estaria conosco.

– Encarnado, eu também pensei em me matar – falou Marcelo.– Naquela noite, mamãe, em que me encontrou chorando por ter sido desprezado, estava planejando me matar. Gostava daquela garota há tempos. Ela demonstrava me querer, ia muito à sorveteria e correspondia aos meus olhares. Quando falei com ela de namoro, disse-me coisas horríveis. Mas quando você, mamãe, dormiu ao meu lado, senti seu amor e não quis fazê-la sofrer. Escondi meu sofrimento para não preocupá-la, e esse amor de adolescente passou.

– Eu também – contou Aline – pensei em me matar. Era feia, e, na escola, a maioria dos colegas não queria se aproximar de mim, pensando que as manchas eram contagiosas. E as meninas não me aceitavam no rol de amigas por ser feia e manchada. Gostava de um colega, e ele se afastava quando eu me aproximava dele. Orei muito, pedindo ajuda para afastar de mim esses pensamentos suicidas, e consegui.

– Nunca pensei nisto – afirmou Willian. – Era feliz, desencarnei e passei a ser mais feliz ainda.

– Será que éramos amigos antes de reencarnarmos? Recordo do hospital. Estive lá? – perguntei.

– Sim, Rosário – respondeu Isac. – Conhecemo-nos no hospital, nós cinco, onde nos recuperávamos da imprudência que fizemos e nos tornamos amigos. Antes, reencarnamos você e eu, e os recebemos como filhos.

— *Aprendemos juntos a amar a vida!* — exclamou Aline.
— *E as minhas visões?* — quis saber.

Ninguém respondeu, mas não precisava. Lembrei-me sozinha do que fiz. Era muito pobre, casei jovem e tive quatro filhos. Meu marido, cansado da pobreza e por não me amar mais, passou a beber muito e não trabalhava, vivíamos miseravelmente. Eu fora aquela mulher que via em pensamento, nas minhas visões, com um lenço na cabeça. Passávamos fome. Um dia, meu marido me disse que ia embora com outra mulher e saiu. Dois dias se passaram, e ele não voltou. Desconfiei que estivesse grávida e resolvi matar meus filhos e me matar. Não vou contar como fiz, é muito deprimente. Meu marido voltou e nos encontrou mortos. Nas visões, os quatro caixões brancos eram os dos meus filhos e o roxo, o meu. Na igreja, entraram, para serem abençoados, os brancos com meus meninos, e o roxo com o meu corpo não pôde ser abençoado, por ter sido suicida, ficou aguardando nas escadas da igreja. Sofri muito no Vale dos Suicidas, mas a compaixão de Deus é infinita, e fui socorrida. Soube depois dos meus filhos assassinados por mim: assim que desencarnaram, foram levados para uma colônia, um educandário, e reencarnaram logo depois. Meu marido sofreu com meu ato, mas, meses depois, foi morar com outra e teve outros filhos. Fiquei sabendo também que o dono daquelas terras onde morava ia me ajudar. Deveria ter tido mais paciência.

Não me entristeci com as lembranças. Estávamos bem agora, graças à reencarnação. Vencemos, Isac, Marcelo,

Willian, Aline e eu, a tendência de fugir das dificuldades. Aprendemos a dar valor à vida.

Abraçamo-nos com muito carinho. Continuamos juntos, trabalhando e aprendendo. Embora saibamos que devemos ficar muitos anos no plano espiritual, fazemos planos para quando formos reencarnar. Queremos voltar no corpo físico juntos, pertinho uns dos outros, para continuar nosso aprendizado e caminhar rumo ao progresso.

Obrigada.

Maria do Rosário.

três

O RESGATE

Minha última encarnação foi de muito sofrimento, um resgate doloroso. Pensava chamar-me Godofredo, nome que tive na penúltima vivência no físico. Demorei para entender que era chamado Niso, diminutivo de Adnison. Sentia-me preso num bloco de cimento, no qual somente me mexia se uma pessoa fizesse com suas mãos os movimentos. Enxergava muito pouco e demorei a compreender o que via. Não falava, mas escutava.

Imobilizado, tinha dores, frio, sede, fome e a sensação de estar sujo. De repente, passei a ser bem tratado, não sentia mais fome, sede ou frio, porém continuei a sentir o desconforto de não conseguir me movimentar e as dores. Era franzino, meu físico não se desenvolveu. Gostava da água com que me banhavam. Uma mulher, que para mim era linda, vinha me fazer movimentar. Doía muito. Mas gostava. Sentir o contato das mãos dela sobre minha pele era reconfortador, e ela sempre cantava. Era um bálsamo escutá-la cantar.

Explicando este pequeno texto: eu sofri ao nascer com paralisia cerebral. Era o segundo filho de um casal que não me aceitava e não cuidava de mim. Minha mãe teve, na terceira gravidez, gêmeos. Meus irmãos eram sadios e bonitos. Alegando não poder cuidar de mim, meus pais levaram-me para uma instituição. Lá fui bem cuidado. Moravam ali muitos doentes, a maioria crianças. Escutava-as, mas raramente as via. Não ficava mais sujo. Era alimentado na boca e fazia fisioterapia. Gostava quando me colocavam sentado no jardim para tomar sol, o ar fresco me fazia bem. Escutava música suave que me acalmava. Não gostava quando me aplicavam injeções.

Às vezes, sentia-me criança; em outras, um adulto preso, incapaz de me mover. Era muito triste ter estas sensações. Comecei a melhorar quando amigos espirituais, duas vezes por semana, pegavam-me, quando meu corpo físico adormecia, e me levavam para assistir a uma reunião de orientação. Ali conseguia me ver, e meu perispírito era somente um pouquinho mais sadio que meu corpo físico. Meu corpo carnal recebeu a aparência da minha vestimenta perispiritual. Não estava doente apenas fisicamente. Pelo remorso destrutivo deformei meu perispírito, e a veste carnal estava sendo para mim um filtro, um meio de ficar novamente sadio. Nas primeiras vezes, não entendia bem o que acontecia nas reuniões de auxílio. Mas a insistência do grupo de trabalhadores desencarnados e encarnados, num processo lento, mas eficiente, começou a dar resultados. A tristeza e o remorso diminuíram. Fui me tornando resignado, confiante, comecei a ser grato às pessoas que me auxiliavam somente pelo "faça ao próximo o que gostaria que lhe fizesse." Sei que muitas daquelas pessoas recebiam remuneração pelo trabalho, elas necessitavam do salário para se manter, mas faziam suas tarefas com amor. Passei a ter momentos de alegria. Às vezes, meu espírito voltava destas reuniões para o corpo físico chorando, mas depois compreendi que vestimenta era abençoada, porque sem ela estaria sofrendo muito mais. Fui aos poucos melhorando, meu perispírito foi se tornando sadio. Afastado do corpo físico, já andava, falava, enxergava, estava me harmonizando. Comecei a pensar como seria bom ser como aquelas pessoas que cuidavam de mim, como seria bom me alimentar com as minhas próprias mãos, me banhar, coçar minha pele, passar as mãos pelos meus cabelos, andar, pular, falar e gargalhar.

Meu corpo doente viveu vinte e dois anos e, após muitas complicações, desencarnei. Amigos espirituais me desligaram da matéria densa. Adormeceram-me e me levaram para um hospital no plano espiritual.

Durante estes anos em que estive encarnado, pensava que me chamava Godofredo, embora soubesse que Niso também era eu. Lembrava, e isso ocorria muitas vezes, que andava por entre as árvores, via cercas e uma casa grande. Conversava com várias pessoas, elas me diziam coisas desagradáveis, eu chorava escondido e sentia muita raiva. Com nitidez, vinha em minha mente o rosto de uma mulher, minha mãe, eu pegando um pau e batendo com força em sua cabeça. Recordava-me de um quarto rústico da fazenda, local em que eu ficava muito, bebendo numa caneca um líquido com muito açúcar, na tentativa de amenizar o gosto amargo. Tomava esse suco sabendo que ia morrer. Outras vezes via alguém olhando para mim sorrindo, sabia que aquele sorriso era falso, mas não conseguia desviar o olhar. Sofria a rejeição.

Às vezes, a lembrança de andar era tão forte que pensava que sairia andando. Esforçava-me e não conseguia nem me mexer. No começo chorava; depois, mais resignado pelas orientações que recebia, em espírito, nas reuniões de auxílio, comecei a entender que já andara e voltaria a fazê-lo. Deveria ter paciência.

Lembrava-me também de um homem de quem gostava e sentia ser amado por ele, era meu pai. Mas ele morrera e vinha na mente papai num caixão para ser enterrado.

Não recordava de nada de meus pais desta encarnação, não me interessei por eles. Lembrava-me dos outros, dos pais que tive anteriormente.

Foram muitas as recordações que eu, quando encarnado, tive da minha outra vida, da minha vivência anterior. Mas a mais frequente era a de um homem sorrindo cinicamente, e eu batendo com um pau na cabeça de minha mãe.

Os vinte e dois anos que eu, meu espírito, estive vestido num corpo deficiente, em que me senti preso, atormentado e com muitas dores, foi um período muito precioso para mim. Pela bondade de muitas pessoas, foi suavizado meu padecimento, e o mais importante foi o aprendizado com o exemplo que tive em relação à forma carinhosa como me trataram, dando-me o entendimento de que existem seres bons e o bem prevalece. Também foi importante a explicação de que devemos nos arrepender dos nossos erros, mas não deixar o remorso ser destrutivo. Meu sofrimento fez bem somente a mim e aprendi que o melhor seria me espelhar nas pessoas que anulam seus erros trabalhando no bem, ajudando outros irmãos. Concentrei-me, esforçando-me para me tornar sadio e, quando fiz isso, meu perispírito se harmonizou. No plano espiritual, entendi logo que meu corpinho de vinte e um quilos morrera, e uma nova fase de minha vida se iniciaria. Seguia com alegria todas as orientações, fui estudar e passei a ser útil.

Comecei a fazer parte de um grupo, estudávamos e trabalhávamos juntos, tornamo-nos amigos, conversávamos sobre tudo, da vivência encarnada e da atual. Mas as lembranças da minha encarnação anterior continuavam, cada vez com mais detalhes, e estavam me incomodando. Um professor me chamou para conversar. Entendi que eles, nossos professores, sabiam muito sobre nós.

— *Adnison, você não quer ajuda para recordar seu passado? Se as lembranças do passado não nos incomodarem, não tem razão para sabermos o que fomos e o que fizemos. Você, quando encarnado, talvez pelo remorso que sentiu por muitos anos, tinha muitas recordações de sua outra encarnação, e elas ainda continuam. Somente com fragmentos dessas lembranças, você não está conseguindo entender o que aconteceu. Percebo-o preocupado, e não é bom ficar incomodado nesta nova fase de sua vida.*

– Aceito e agradeço – respondi. – Penso que, pelo resgate de sofrimento que tive, devo ter cometido muitos erros.

– Recordar atos imprudentes não é para ativar o remorso destrutivo, mas para compreender que não sofremos injustiças. Podemos sentir muita tristeza ao recordar de nossos erros, mas nos consolamos se já pagamos por eles e, quando reparamos com o bem, sentimo-nos tranquilos. É um incentivo fazermos o bem quando sabemos que já fizemos muito mal.

Marcamos dia e hora. Esse professor foi comigo a um local próprio, no Departamento da Reencarnação. Um profissional iria me ajudar. Gostei de George, o senhor que me auxiliaria. O professor se despediu. Acomodei-me numa poltrona e ficamos conversando. Tranquilizei-me. Esperava recordar somente nas sessões futuras, mas aconteceu normalmente, lembrei-me de tudo que vivi na minha penúltima reencarnação, de forma clara e precisa.

Chamava-me Godofredo. Sempre morei numa fazenda. Meu pai era um fazendeiro honesto e trabalhador. Tinha mais dois irmãos, uma irmã e outra, adotiva, que todos sabiam ser filha de meu pai com uma moça que fora sua amante. Meu genitor era um homem justo, bondoso, muito diferente de minha mãe, que era rancorosa e maltratava muito minha irmã adotiva, e depois a mim, por ser diferente. Fui homossexual. Desconhecíamos esse termo. Todos, principalmente minha família, referiam-se a mim com adjetivos ofensivos. Meu pai não queria que eu fosse como era e certamente sofria, mas era incapaz de me ofender, me castigar, e proibia os outros de fazê-lo. Na frente dele, meus irmãos me ignoravam, mas, com papai ausente, eles me ofendiam. Mamãe me batia muito. Quando menino eu não entendia. Para mim, era normal ser como era, não me sentia diferente por ser mais delicado, não gostar de violência, apreciar os brinquedos das minhas irmãs. Foi na adolescência que compreendi que era diferente, que queria ser mulher, ou sentia ser uma, e que meu corpo era masculino. Sofri muito. Por sermos rejeitados, minha irmã adotiva e eu nos tornamos amigos, foi a única amizade que tive.

Minha irmã por parte de pai, com dezesseis anos casou-se com um viúvo de quarenta e oito anos. Tentei impedir, porém minha irmãzinha preferiu, para ficar livre de minha mãe. Após o matrimônio, ela foi morar numa cidade distante. Correspondíamo-nos sempre. Naquela época, as cartas demoravam a chegar. Ela não era feliz, não amava o marido, mas, em compensação, era bem tratada e dona da casa. O marido dela tinha três filhos do primeiro casamento. Minha irmã teve três filhos.

Sem essa irmã em casa, fiquei muito solitário. Minha irmã Benedita arrumou um namorado. Gostei dele assim que o vi, chamava-se Sebastião. Ele me tratava bem e sorria para mim cinicamente, debochado. Meus irmãos me detestavam, sentiam vergonha de mim. Seus amigos os gozavam por terem um irmão afeminado. Apaixonei-me pelo namorado de Benedita. Eles se casaram. Eu era infeliz e não sabia o que fazer e como agir. Trabalhava muito e raramente saía da fazenda.

Um dia, Sebastião foi se encontrar comigo, eu estava consertando uma cerca. Educadamente, disse que estava precisando de dinheiro para saldar uma dívida antiga. Queria um empréstimo. Afirmei que lhe daria o dinheiro no outro dia. E quando lhe dei, agradeceu-me, muito gentil. Amei-o muito. Não tinha esperança e nem queria um relacionamento. Mas me alegrei em ajudá-lo. Tínhamos um ordenado, nós três, meus irmãos e eu, por trabalharmos na fazenda. Eu raramente gastava meu dinheiro, talvez por isso papai confiasse em mim. O dinheiro de meu genitor e aquele que deveria ser gasto na fazenda ficavam no banco, em meu nome. A fazenda ficava pertinho de uma cidadezinha onde minha irmã Benedita e Sebastião moravam, e, não longe, ficava uma cidade maior. Papai não gostava de ir à cidade, era eu quem ia, depositava o dinheiro ou tirava a quantia suficiente para pagar contas e fazer compras. Meu dinheiro também ficava no banco, mas em outra conta. Emprestara ao Sebastião o meu dinheiro, ou melhor, tinha dado, porque ele nunca falou em me devolver. Um ano e dois meses depois, novo empréstimo, e, em seguida, outros. Sebastião sabia que eu o amava e se aproveitou do meu sentimento.

Meu pai faleceu, desencarnou de repente. Ele estava fiscalizando um trabalho de plantio quando caiu morto. Eu senti muito, talvez tenha sido somente eu a senti-lo. Dois meses antes, o esposo de minha irmã adotiva também havia falecido, depois de meses acamado. Dois dias depois da missa de sétimo dia de meu pai, reunimo-nos, mamãe e os quatro filhos, para decidir o que iríamos fazer. Embora esperasse uma discórdia, tive uma grande decepção. Primeiro ouvi meus dois irmãos conversando antes da reunião. Eles não me viram, pensavam que estavam sozinhos na sala. Quando os vi entrar, fiquei atrás de um biombo.

– Vamos ter de limitar os gastos de mamãe – disse meu irmão mais velho, o Jorge. – Não podemos deixá-la gastar muito. Devemos também ficar atentos ao Sebastião, nosso cunhado é um folgado, não é trabalhador, gasta muito, é viciado no jogo de cartas e gosta de prostitutas.

– Mas tem quitado suas dívidas – falou meu outro irmão, o Luiz.

– Tenho certeza de que engana alguém. Quem é eu não sei. Alguém tem lhe dado dinheiro – afirmou Jorge.

– Será que é uma mulher? – perguntou Luiz.

– Penso que sim, nosso cunhado é um conquistador! – exclamou Jorge.

– Gostava do papai, mas ficar com o dinheiro dele é bom! Veio em boa hora. Vendo-o sadio, tinha medo de ser empregado dele o resto da minha vida.

– É bom dividirmos a fazenda e nos tornarmos fazendeiros. Devemos nos unir e sermos espertos. Dividirmos de modo a ficarmos nós dois como donos de tudo.

Benedita e minha cunhada entraram na sala, os dois mudaram de assunto e, minutos depois, saíram. Continuei escondido e ouvi as duas conversarem. Benedita falou:

— Não quero mamãe morando comigo! Ela quer ir para a cidade, mas, se fizer isso, deve mudar para uma casa pequena. Certamente mamãe não irá querer. Comigo não dará certo. Sebastião não irá permitir que mamãe dê palpites em nossas vidas.

— Se ela souber que seu marido é viciado em jogo, irá se intrometer. Vocês têm dívidas? — Minha cunhada quis saber.

— Não temos — respondeu Benedita. — Sebastião afirmou que ganhou no jogo, enganou um trouxa.

Ainda bem que as duas saíram, e eu pude sair do meu esconderijo. Logo após o café da tarde, reunimo-nos na sala. Mamãe falou:

— Vou morar na cidade! Quero uma casa bonita e grande, não gosto de residências pequenas. A fazenda deverá ficar para Jorge e Luiz, e eles deverão me dar uma quantia razoável por mês. As casas na cidade ficarão para Benedita. Para Godofredo, uma quantia em dinheiro para ele ir embora para bem longe daqui.

— Por que isso? — perguntei.

— Godofredo — falou mamãe —, seu pai o tolerava. Tentei educá-lo, mas não consegui. Seus irmãos e eu nunca o aceitamos. É a vergonha da família! É melhor você ir embora para um lugar bem distante e não voltar mais.

Falamos todos ao mesmo tempo. Benedita achou injusta a divisão. Meus dois irmãos gostaram, mas queriam o

controle de tudo e também acharam que nossa mãe não precisava de uma casa grande. Eu me indignei. Estava sendo banido. Sempre trabalhei muito. Mamãe gritou:
— Basta! Por hoje chega! O Natal será daqui a duas semanas, voltaremos a nos reunir aqui na fazenda. No dia vinte e seis decidiremos, ou eu falarei e vocês concordarão. Pois já decidi!

Minha irmã e o irmão casado foram embora com as suas famílias. Moravam numa cidadezinha ali perto. Recebi, naquela tarde, uma carta da minha outra irmã e amiga falando de suas dificuldades. Os filhos do primeiro casamento de seu marido ficaram com tudo o que o marido tinha. Ela e os filhos, que eram crianças, receberam de herança somente a casa onde moravam e uma pensão muito pequena. Ela não sabia o que iria fazer.

Voltei ao trabalho e à noite planejei com detalhes o que iria fazer. No outro dia fui à cidade, ao banco, e transferi todo o meu dinheiro e o de meu pai para a conta de minha irmã adotiva. Ela era filha de meu pai e tinha direito à herança. Escrevi para ela informando que aquele dinheiro era a parte dela na herança – era uma quantia grande. – Aconselhei-a a receber e planejar bem o que iria fazer com ele. Aconselhei-a a não voltar mais à fazenda e nem contar a minha mãe e irmãos o que o nosso pai lhe havia legado.

Fiz as compras que mamãe pediu, voltei à fazenda e trabalhei como sempre. Vieram todos para nossa casa no dia vinte e três de dezembro. No dia vinte e quatro, jantamos como de costume, às vinte horas. Ninguém comentou sobre a reunião ou a herança, todos esperávamos pela reunião no dia vinte e seis. E passamos o Natal aparentemente tranquilos.

Planejei como matar minha mãe. Depois que meu pai morreu, tive certeza do tanto que ela o fazia sofrer e como era má. Pretendia matá-la de um modo que todos seriam suspeitos. Se não sofressem pela sua morte, sofreriam por desconfiar uns dos outros e por terem de se defender. E se a culpa caísse sobre um deles, seria merecido. Essa seria minha vingança pelos maus-tratos e ofensas que sempre recebera deles.

Nossa casa seguia uma rotina, principalmente com a família reunida. Tínhamos duas empregadas que moravam na fazenda. A primeira chegava de manhãzinha, acendia o fogo do fogão e ia ordenhar uma vaca para ter o leite fresquinho no desjejum. A segunda empregada ia para um cômodo separado no quintal, onde fazia pães no forno a lenha. Mamãe levantava e fazia o café.

Acordei no dia vinte e seis e esperei. Quando escutei mamãe levantar e ir à cozinha, levantei sem fazer barulho e fui atrás dela. Vi minha mãe perto do fogão, peguei um pau que seria usado no fogo e a golpeei com força na sua cabeça. Ela não viu quem a atacou e não conseguiu nem gemer. Deixei-a caída e voltei silenciosamente para meu quarto e esperei. Dez minutos depois a empregada chegou à cozinha com o leite, deixou cair a vasilha e gritou desesperada. Ao escutá-la, todos se levantaram. Fui à cozinha.

– Mamãe está morta! – falou Jorge.

– Foi assassinada! – exclamou Benedita.
– Que horror! – disse.
– Não se choque tanto, marica! – ordenou Luiz.
Fiquei quieto e logo recebi uma ordem.
– Godofredo, vá à cidade e traga a polícia!
Troquei de roupa e fui. Fiquei sabendo pela empregada o que havia se passado depois. Todos ficaram inquietos, a porta da cozinha estava aberta porque a empregada já havia acendido o fogo. O criminoso poderia tanto ser uma pessoa que entrara na casa ou alguém que estava dentro dela. Ninguém sentiu muito a morte de minha mãe. Meus irmãos viram neste acontecimento mais lucro, ela não iria mais gastar dinheiro. Notei no velório uma conspiração: se duvidassem de alguém da família, acusariam a mim. Tinha motivos, ela me expulsaria da fazenda e me deserdaria.

O delegado fez algumas perguntas no velório, marcou uma visita dentro de três dias para nos interrogar e determinou que todos nós ficássemos na fazenda.

Depois do enterro, que foi às oito horas, voltamos todos para a fazenda. Jorge marcou uma reunião para o outro dia à tarde. Queixei-me de dor de cabeça e pedi para a empregada me fazer um chá.

– Faça uma jarra e coloque na mesinha no meu quarto, irei tomá-lo em várias vezes.

Fiz esse pedido na frente de todos. À tarde, aproveitando uma oportunidade, pedi para Sebastião ir para o celeiro porque queria falar com ele a sós. Logo depois que ele saiu, fui atrás. Resolvi que ele merecia morrer. Embora eu o amasse, era o pior de todos. Meu cunhado foi ao encontro pensando em levar vantagens, em contar comigo contra meus dois irmãos.

Sebastião escolheu um lugar no celeiro em que ninguém nos visse conversar. Sorriu, cínico, ao me ver. O que aconteceu foi uma surpresa para ele. Com tudo planejado, deixara no celeiro uma faca grande e afiada ao alcance. Não falei nada e sorri também. Peguei a faca e o golpeei duas vezes. Sebastião não disse nada. Deixei-o caído e me afastei tranquilamente. Fui para o meu quarto. Peguei o veneno. Ao planejar meus crimes, lembrei-me de que papai havia comprado um veneno em pó e que, para usá-lo, tinha de diluí-lo. Era para matar pragas e bichos. Ele me avisara: "Godofredo, isto aqui, se alguém tomar, é morte na certa; por isso, guarde lá em cima, num local de difícil acesso".

Tinha levado uma quantidade do veneno para meu quarto. Coloquei-o na caneca e o diluí no chá. O gosto era horrível, mas tomei tudo. Deitei e esperei a morte chegar.

Senti muitas dores e fiquei quieto. A morte estava demorando muito. Escutei Benedita gritar, chorar desesperada. Ela havia encontrado Sebastião morto. Logo me acharam. Falaram que eu estava morto, eu pensava que não. Porém, meu corpo físico havia morrido, e eu continuava vivo e sofrendo muito. Não fui desligado, meu espírito continuou no meu envoltório carnal. Ouvi tudo que se passava. Para todos, alguém, um assassino, havia matado mamãe, Sebastião e eu. Mas quem? Como eu previra, um acusava o outro.

Sofri muito ao ser enterrado. Se alguém soubesse o sofrimento que aguarda o suicida e o homicida, certamente não cometeria essas faltas graves. Depois de um tempo, fui para o Vale dos Suicidas no umbral. O padecimento me perturbou, senti remorso, porém destrutivo. Julguei-me condenado, sem perdão. O socorro veio, mas me recusei a melhorar.

Realmente, toda a minha família sofreu muito. Ninguém ficou sabendo o que de fato acontecera, ninguém foi condenado, todos ficaram como suspeitos e com medo uns dos outros. Meus irmãos venderam a fazenda, todas as casas, dividiram o dinheiro e se mudaram para longe uns dos outros. Benedita também se mudou. Tornaram-se inimigos.

Fui abençoado pela reencarnação. O corpo doente foi um filtro que me depurou. Quando as recordações terminaram, chorei sentido por alguns minutos.

– George, *você sabe o que aconteceu com estes meus familiares depois que desencarnaram? Como estão eles hoje?*

– *Sua mãe e Sebastião sofreram muito também. Ao desencarnarem, ficaram revoltados. Eles, infelizmente, não fizeram nada para merecer socorro. Mas a dor ensina, arrependeram-se, pediram ajuda e foram socorridos. Seus irmãos desencarnaram idosos e também sofreram pelo mesmo motivo de sua mãe e cunhado. No momento, todos estão reencarnados, tentam aprender a ser bons com a nova oportunidade.*

– *E minha família atual?*

– *Seus pais, nessa última encarnação, rejeitaram uma grande oportunidade de ajudá-lo e fazer o bem. Sem dúvida iriam aprender muito ao cuidar de um filho enfermo. Estão encarnados. Você quer visitá-los?*

Pensei, concluí e respondi:

– Não, estas pessoas são estranhas para mim. Mas de hoje em diante vou orar todos os dias por meus pais. Sou grato a eles por terem me dado a oportunidade de voltar ao físico.

Ficamos calados por instantes e depois quis saber:

– *O que faço agora?*

– *Continue estudando e trabalhando* – aconselhou George.

– *Você tem razão. É o que farei. Aquele que muito errou é o que deve mais amar.*

É o que tenho feito. Estou me esforçando tanto nos estudos como no trabalho e sou muito grato àquela veste do corpinho enfermo onde o resgate me harmonizou novamente.

Que Deus seja louvado nas nossas horas felizes e nas de sofrimento.

Adnison.

quatro

SOMENTE UMA LEMBRANÇA

Sempre fui agitada, ficava nervosa por qualquer motivo; irada, brigava, ofendia e era ofendida. Mesmo tendo, nos últimos anos de minha vida encarnada, me esforçado para mudar meu gênio, não o consegui totalmente. No plano espiritual, fiz terapias, estudei, tentei compreender as atitudes das outras pessoas e mudar meu comportamento. Quem quer e se esforça acaba por conseguir. Mas, às vezes, ainda me agito e me preocupo. Motivada a ditar a história de minha vida de médium, recebi muita ajuda para elaborar o texto, isso para ficar explicativo e fiel aos acontecimentos.

Chamo-me Marisa, ou melhor, recebi este nome neste meu último estágio no plano físico. Mas meus familiares me chamavam por um apelido que eu mesma me dei. Quando pequenina, ao perguntarem meu nome, dizia:

– Nega Fuor!

Por nada respondia ser Marisa, embora atendesse por esse nome. Todos achavam graça e passaram a me chamar de Nega.

Era a filha mais velha, éramos três meninas. Meu pai, James, sempre foi muito calado e trabalhador. Era pequena quando percebi que meus pais não se entendiam. Antes de completar onze anos, eles se separaram. Senti-me aliviada, não gostava de meu pai. Minhas irmãs sentiram muito. Mas eu fiquei contente por minha mãe ter um amante (esta foi a causa da separação). Mamãe, Maria Cecília, não ficou com o amante, este não quis se separar da família, e ela não o viu mais. Minhas irmãs se encontravam com papai, iam passear com ele, eu não. Evitava-o.

Era um problema, brigava na escola, com as amigas, era uma pessoa difícil de conviver. Sentia-me infeliz e não sabia explicar o porquê.

Meu pai, com a separação, ficou dois anos sozinho; depois foi morar com outra mulher e tiveram um filho. Ele continuou muito calado, trabalhava muito e nos dava pensão. Minhas irmãs o visitavam sempre. Minha mãe não se casou, não morou com mais ninguém. Embora tivesse namorados, não os trazia em casa. Acabei o período escolar, cursei oito anos, e fui procurar emprego.

Meu primeiro trabalho foi numa sorveteria, e lá conheci um moço muito bonito e começamos a namorar.

Porém, geniosa, acabei brigando com todos os meus colegas de trabalho e fui dispensada. Arrumei outros empregos, porém logo, pelo mesmo motivo, era demitida. Gostava deste meu namorado e tivemos relações sexuais. Não gostei, mas não me preocupei, pensei que iria gostar ou aceitar como algo normal, que faz parte da vida. Ele estava cansado de mim ou então já não tolerava mais minhas crises nervosas, e terminamos. Em casa, minhas irmãs me temiam e evitavam tudo que pudesse me contrariar. Mamãe ficou doente e desencarnou. Minhas irmãs anteciparam os casamentos: as duas eram noivas e se casaram.

Um moço, nosso vizinho, que gostava de mim há tempos, pediu-me em namoro. Namoramos seis meses e nos casamos.

Foi um período muito difícil os cinco anos que vivemos juntos. Não gostava de sexo, continuei nervosa e inquieta. Tive duas filhas: Nicete e Ivete.

Nesta época, pensei muito em minha vida. Tive poucos momentos de alegria. Sempre sofri muito. Minha mãe nos tratou bem, minhas irmãs e eu, mas não tinha paciência comigo. Às vezes ficava preocupada e dizia ser por minha causa. Falava que desejava que eu fosse diferente, mais compreensiva e bondosa. Alertava-me: se continuasse agindo desse modo, iria sofrer, porque seria difícil alguém me tolerar. E, de fato, isso ocorreu. A família do meu marido não gostava de mim. A mãe dele chegou a pedir ao filho que se separasse de mim, e ela tentou várias vezes conversar comigo.

— Diga-me, Nega – pediu ela –, por que age assim? Você tem tudo para ser feliz! Por que infelicita tanto a vida do meu filho?

— Sou infeliz! – exclamei. – Não percebe que sou infeliz? Tenho motivos! Será que ninguém vê isso?

— Ninguém vê porque esses motivos não existem – disse minha ex-sogra. – Você é saudável, bonita, tem duas filhas lindas. Seu marido a ama, é trabalhador, dá a você todo o salário, não sai de casa, ajuda-a com as meninas...

— Faz a sua obrigação! – Respondia exaltada.

— E você, Nega, faz a sua?

Às vezes sentia que estava agindo errado, tentava me acalmar, não maltratar ninguém com minhas crises nervosas, mas isso durava somente poucos dias. E a separação acabou acontecendo. Meu marido saiu de nossa casa e voltou para a da mãe. Morávamos perto, ele ficava sempre que podia com as meninas, elas gostavam muito dele. Embora enfrentasse muitas dificuldades, principalmente financeiras, senti-me aliviada com a separação.

Meu ex-esposo dava pensão, mas, para conseguir sustentar a casa, tive de trabalhar. Procurei emprego. Percebi que não sabia fazer nada e me matriculei em cursos profissionalizantes. Gostei do curso de manicure e me tornei uma ótima profissional. Empreguei-me em um salão de beleza. Tentava não ficar nervosa com as clientes e com as colegas de trabalho. Nessa época, procurei um médico e passei a tomar calmantes. Senti-me mais calma, mas era muito infeliz.

Esforçava-me para ser boa mãe. Prometi a mim mesma não bater nas minhas filhas e tentava cumprir o prometido. Isso porque meu ex-marido me ameaçou:

— Nega, se bater na Nicete ou na Ivete, tiro as meninas de você.

"Ele conseguirá fazer isso", pensava. "É boa pessoa, trabalhador, bom pai. Se as meninas tiverem de escolher, optarão por ficar com ele."

Temi ficar sem elas.

— Marisa — opinou uma colega (no meu trabalho me chamavam pelo nome)—, por que você não procura um psicólogo para saber o porquê de você não gostar de sexo e ser tão agitada?

— Faça isso, Marisa — aconselhou-me outra amiga. — Pode ser algum trauma de infância. Algo que aconteceu com você. Uma coisa terrível que sua mente preferiu esquecer, mas deixou sequelas. Você não acha estranho não gostar de seu pai?

— Será que seu genitor tem a ver com seus problemas? Será que ele fez alguma coisa para deixá-la assim? — indagou outra companheira de trabalho.

— Penso que sim!

Minha exclamação foi sincera e sentida. Pareceu naquele momento que havia encontrado a causa dos meus conflitos, agitação e infelicidade.

Na maioria das vezes, gostamos e sentimo-nos aliviados quando podemos colocar a culpa da nossa maneira equivocada de agir com algo ou alguém. Comecei a pensar que alguma coisa acontecera comigo na infância e que estaria relacionada com meu pai. Talvez pudesse explicar o porquê de não gostar dele.

Dias depois, comentaram no salão de beleza em que trabalhava que um homem havia sido preso por ter estuprado a filha de oito anos.

Comecei a pensar que isso poderia ter ocorrido comigo. Não gostava de sexo e nem do meu pai. E essa desconfiança foi ficando cada vez mais forte.

Fui a um psicólogo. As sessões eram caras para mim, então negociei o pagamento com o profissional e fiz economia para poder ir. A inconveniência de alguém fazer qualquer tratamento é que aconteça o que ocorreu comigo, já levei o diagnóstico como certo e pela poucas conversas que tivemos, deduzi que meu pai havia me estuprado na infância. Isto me chocou e fiquei revoltada. Quis matar meu pai. E não deixei o profissional concluir seu diagnostico.

Fui a poucas sessões e parei de ir por dois motivos: primeiro porque era caro e não possuía dinheiro para pagar; segundo porque descobrira o motivo, o porquê de meus problemas. Errei muito naquele momento. Não deveria ter parado com as sessões. Quando se começa um tratamento, este deve ser continuado. Com toda a certeza, se tivesse continuado com as sessões, descobriria muitas outras coisas, e o resultado seria diferente.

Com vontade de recomeçar, fui procurar meu ex--marido. Nós nunca nos separamos pela lei. Arrumei-me e fui à casa da mãe dele. As meninas gostavam muito de ir lá e iam bastante. Pedi para conversar com ele e ficamos a sós na sala. Contei-lhe tudo.

— Estou pasmo! — exclamou meu ex-marido. — É difícil acreditar que o senhor James tenha feito isto.

— Agora você entende por que agia daquela maneira? Tinha motivos! Estou curada! Quero ser uma pessoa melhor. Vim aqui para lhe pedir para voltarmos, morarmos juntos novamente. Você está sozinho, ama tanto as meninas e...

— Nega — ele me interrompeu —, de fato, amo minhas filhas e vou sempre amá-las. Fiquei esse tempo sozinho, mas agora estou namorando outra pessoa. Já marcamos a data para irmos morar juntos.

Senti vontade de gritar, ofender, mas me contive e falei somente:

— Tudo bem!

Saí e voltei para casa deixando minhas filhas lá.

Fiquei indignada por ele não me querer mais e por ter outra pessoa. E tudo por culpa de meu pai. Não falara a ninguém sobre isso e aí resolvi falar. Contei a todos no salão e escutei várias opiniões.

— Esqueça, Marisa! Perdoe! Isso aconteceu há tanto tempo...

— Como foi que isso ocorreu? — Uma delas quis saber.

— Não me lembro direito — respondi.

— Deveria lembrar! Se continuar o tratamento com o psicólogo, com certeza lembrará. Faça isso! — aconselhou outra.

— Nem tente lembrar! Deve ser horrível! Não deveria deixar por isso mesmo. Deve contar para toda sua família — afirmou uma amiga.

— Ele merece um castigo! Pena que não consiga colocá-lo na cadeia! — a proprietária do salão falou, indignada.

— Fale a todos! Sua família não a critica por ter problemas? Eles devem saber quem é o responsável por esses problemas — alguém opinou, e todas concordaram.

Tinha certeza de que meu pai havia me estuprado. Mas não conseguia me lembrar de detalhes. De como e onde. Ao lembrar de meu pai, tinha certeza de que ele fizera isso comigo. Não tive dúvida nenhuma. Sofrera um estupro, e o estuprador era meu pai.

Resolvi contar a todos. Primeiro fui à casa de minha tia, irmã de minha mãe. Ela me escutou, chorou e comentou:

— James é o pior homem que existe! Humilhou sua mãe, acusou-a de tê-lo traído, e ele era muito pior! Fez de você uma pessoa desagradável! Bandido!

E ela se encarregou de contar para toda a família. Minhas duas irmãs vieram à noite em minha casa. Confirmei a elas. Marlene, que sempre fora coerente, indagou-me:

— Nega, você tem certeza? Isso é muito grave! Sempre soubemos que você nunca gostou do papai. Porém, como você não gosta de ninguém... Márcia e eu conversamos, nunca desconfiamos de nada. Você é a mais velha. Conosco papai sempre foi respeitador.

Afirmei que sim. Elas ficaram tristes.

A segunda mulher do meu pai teve então desculpa para colocá-lo para fora de casa. Ele veio à noite conversar comigo.

– Nega, minha filha, por que inventou tudo isso?

Aí eu o xinguei e gritei, ofendendo-o muito. Pus para fora toda minha revolta e raiva. Meu pai tremia de indignação. Os vizinhos vieram me socorrer. Gritei tanto, fiz um escândalo, e as pessoas ali presentes ameaçaram bater nele. Meu pai foi embora. Então, todos ficaram sabendo.

Papai mudou-se do bairro. Todos o desprezaram. Os netos foram proibidos de vê-lo, minhas irmãs e meu irmão se afastaram dele, não queriam mais falar com ele.

Achando-me vingada ou pensando que a justiça havia sido feita, fiquei mais tranquila. Todos os familiares tentaram se aproximar de mim. Gostei dessa aproximação. Entendi que eles sentiram dó de mim e compreenderam que eu tinha motivos para ter sido uma pessoa difícil de conviver.

Tentei novamente reatar com meu ex-marido. Falei até com a moça com que namorava. Ela educadamente me escutou, disse que a decisão teria de ser dele e que ela o amava. Meu ex-esposo disse que me entendia, mas nosso relacionamento tinha acabado e gostava da outra. Aconselharam-me a desistir e tentar também recomeçar com outra pessoa.

Logo a família se cansou de tentar me ajudar. A vida continuava. Meu pai ainda tentou se inocentar. Ninguém acreditou nele. Fora enxotado por todos. Achei justo, ele deveria pagar pelo que havia feito.

Arrumei um namorado. Este era muito diferente do meu primeiro marido, que fora mesmo morar com a outra, vivia bem com ela e tivera mais dois filhos. Esse homem, meu namorado, já fora casado, tinha um filho que era irresponsável. Moramos juntos. Minhas filhas, que ficavam muito na casa do pai e da avó, foram morar de vez lá. Tive um filho, José Antônio. Voltei a ser difícil e acabei afastando todos de mim. O pai do meu filho, que eu considerava como marido, saía muito sozinho, ia a bares. Esforçava-me para ter uma vida sexual, porém era difícil, e ele me traía. Meu filho estava com seis anos, e minhas filhas eram adolescentes quando nos separamos. Meu filho ia muito à casa dos avós paternos, gostava muito do pai e das irmãs.

Foi um período difícil. Meus filhos gostavam mais dos pais, dos avós e dos tios do que de mim. Sofria por isso, mas, para mim, era difícil aturá-los, pois não tolerava nem a mim.

No trabalho, esforçava-me para não brigar e tratar a todos bem, precisava trabalhar. Resolvi não me envolver com mais ninguém.

Meu pai ainda tentou conversar com minhas irmãs, mas depois não as procurou mais. Não sabíamos dele. Eu sofria, estava inquieta e voltei a tomar calmantes.

ೞ

Quinze anos se passaram desde que me separei do meu segundo marido. Não melhorei meu gênio, continuei sendo uma pessoa difícil de conviver. Não arrumei mais ninguém. Minhas filhas se casaram, meu filho fora morar com o pai e a avó paterna. Continuei como manicure no mesmo salão. Esforçava-me para não discutir com ninguém e trabalhar do melhor modo que conseguia. Era boa profissional, talvez por isso fosse tolerada.

    Foi então que tive um sonho que me pareceu ser muito real. Sonhei com minha mãe, e ela me pediu para rogar perdão. Encabulei-me: eu era a vítima que deveria perdoar e não pedir perdão. Concluí que entendera errado o sonho. Mamãe deveria ter me pedido para perdoar e me tranquilizar. Fiquei pensando novamente no assunto. Concluí que não resolvera direito meu problema. Tinha sido estuprada e esquecera todos os detalhes, talvez devesse lembrar para ter meu problema solucionado. E fiquei pensando no estupro: "Será que mamãe soube e ficou quieta? Fui machucada? Devo ter sido. Se fui, alguém me levou ao médico ou ao hospital? Se ninguém ficou sabendo, foi meu pai quem cuidou de mim? Como ele escondeu isso? Estuprou-me uma vez somente?" Indagações sem respostas que passaram a me incomodar. Queria não pensar sobre isso, mas não conseguia. Bastava ficar sem ocupar a mente para virem esses pensamentos. E estava tendo insônia.

    Aí, dias depois, outro sonho estranho. Eu era mulata, pele quase negra, estava num lugar, parecia ser um quarto fechado e sentia muito medo. Estava encolhida num canto, encostada numa parede de madeira. Escutei barulho, alguém entrara, um homem que mancava.

Acordei, estava encolhida no canto do quarto, suava, tremia, e meu coração estava disparado. Olhei meus braços e, por um momento, vi-me mulata. Eu tinha a pele branca, era muito clarinha, cabelos castanhos claros. Demorei a me acalmar e não dormi mais aquela noite.Durante o mês tive vários sonhos parecidos. Eu era, sentia ser, uma garota, talvez de quatorze anos, estava num quarto fechado esperando pelo homem que mancava. Quando ele se aproximava de mim, via que era velho, ou o achava velho, muito feio, e tinha mau hálito, talvez pelos dentes estragados, fumo forte e bebida alcoólica. Todas as vezes acordava agitada, suando, tremendo, o coração disparado. Tinha a sensação de que aquela mocinha era eu, e o homem era meu pai. No último sonho, escutei-o me chamar:

– Flor Negra! Nega Fuor!

Ele me pegou pelos cabelos e me levou para a cama. Acordei com meu grito.

Orei muito, pedi para minha mãe me ajudar e veio em minha mente: "Peça perdão!".

No outro dia, a senhora que eu estava atendendo, esmaltando suas unhas, comentava com outra sobre reencarnação. Indaguei-a curiosa:

– As pessoas podem se lembrar de suas vidas passadas?
– Não é bom recordar – respondeu a senhora. – O esquecimento nos permite um recomeço. Você já pensou se nossos pais nos tivessem feito muito mal e lembrássemos? Talvez não conseguíssemos amá-los!

— Será que não podemos nem sonhar com nosso passado? – perguntei.

— Acredito que não esquecemos de tudo. Penso que podemos sonhar, sim, com alguns fatos que nos ocorreram em outras reencarnações. Eu, desde pequena, sou boa bordadeira. Aprendi rápido, ou reaprendi. Meu irmão aprendeu com muita facilidade a língua alemã, talvez tenhamos somente reaprendido.

A outra senhora resolveu comentar:

— Às vezes olhamos para uma pessoa e não gostamos dela. Com muito esforço a tratamos bem. E de outras gostamos rapidinho. Eu tenho muito medo de cachorro. Qualquer cachorro me apavora. Somente encontro explicação na possibilidade de ter sido atacada por cães em outra existência.

Acabei, e as duas senhoras foram embora. Pensei muito no que havia escutado e, quando estávamos limpando o salão para irmos embora, perguntei às minhas colegas, éramos doze:

— Quem de vocês acredita em reencarnação?

Percebi que a maioria não afirmava acreditar, mas tinha dúvidas, porque não entendia bem sobre o assunto. Uma delas disse que queria acreditar porque só assim acreditaria na justiça de Deus e compreenderia as diferenças existentes no mundo.

— Eu sou espírita e acredito – afirmou uma delas.

— Gostaria de entender mais sobre este assunto. Você explicaria? – pedi.

– Tenho de ir embora, e o assunto é abrangente, não podemos conversar sobre isso durante o trabalho. Vou lhe dar o endereço do centro espírita que frequento. Aqui está – tirou um cartão do bolso e me entregou. – Estão marcados os horários. É aqui pertinho. Peça lá para conversar com alguém e certamente será atendida. Aí pergunte o que quer saber.

Peguei o cartão. Acabamos e saímos. Li os horários. Em trinta minutos começaria uma palestra. Não hesitei e fui para lá. Era de fato perto. O local era um salão, estava com a porta aberta. Entrei, sentei e logo iniciou a palestra. Infelizmente, para mim, naquela noite, o palestrante não falou nada sobre reencarnação, mas sim de um ensinamento de Jesus. Sobre a Parábola do Samaritano. Achei muito bonita. Quando o palestrante terminou, quem quisesse ou necessitasse poderia receber o passe. Fui. Gostei muito. Senti-me tranquila. Terminou, as pessoas começaram a sair, aproximei-me de uma mulher e pedi:

– Senhora, por favor, queria saber sobre reencarnação. Tenho algumas perguntas e queria respostas.

– Amanhã, neste mesmo horário, teremos uma palestra sobre reencarnação, e, depois do passe, a palestrante ficará no salão para responder perguntas. Convido-a para voltar amanhã.

Naquela noite dormi tranquila, como há muito tempo não fazia. No outro dia, pensei em não ir, e aí por mais que me esforçasse para não fazê-lo, comecei a pensar, nos sonhos que tivera. Voltei ao centro espírita. Fiquei impressionada com a palestra. Uma mulher, ainda jovem, não deveria ter nem trinta anos, falou, levando os ouvintes a raciocinarem. Muitas coisas que a moça disse me marcaram profundamente. Ela fez indagações para as quais as respostas levaram a uma conclusão: reencarnação. Foram: "Por que nascem crianças com deficiências?", "Por que muitas crianças são abandonadas?", "Por que uns desencarnam (ouvi este termo pela primeira vez, e ainda bem que a palestrante explicou que era a morte do corpo físico) jovens e outros idosos?" "Por que uns são inteligentes e outros sentem muitas dificuldades de aprender?". E finalizou:

— Não seria muita maldade alguém castigar outra pessoa sem dar a ela a chance de melhorar? Punir para que o outro aprenda é uma coisa, porém castigar sem dar a possibilidade de aprender e melhorar é muita maldade. E a reencarnação é a oportunidade de aprendizado. Com a reencarnação podemos reparar nossas faltas graves: se não o fizermos pelo amor, a dor tentará ensinar. E aí estão explicadas as diferenças que vemos. Diferenças estas criadas por nós mesmos. Somos o que fizemos para ser.

Tive vontade de aplaudi-la. Fui receber o passe, voltei ao salão e fiquei esperando pela continuação. Ficaram algumas pessoas. E a primeira pergunta foi feita por um moço, era a mesma que eu queria fazer.

— Por que esquecemos as reencarnações que tivemos?

— Pela imensa bondade do Criador. O Pai nos dá chance mesmo! É muito difícil começar de novo sabendo que erramos, que fizemos maldades que repelimos. Saber que fomos maus e lembrar os atos maldosos deve ser algo muito triste – ela suspirou. – O presente é que deve ser, para nós, importante! Não podemos mudar o passado, mas podemos imaginar o que seremos no futuro pelo que construímos agora.

Outras perguntas foram feitas. Não tive coragem de indagar. Mas a palestrante percebeu. Finalizou com uma linda oração. Ela se aproximou de mim e disse baixinho:

– Se quiser conversar comigo, fique aqui!

Continuei sentada, as pessoas saíram, ela fechou a porta e me disse:

– Tenho a chave, depois tranco tudo. Você quer me perguntar algo?

– Sim – respondi e fiz logo a pergunta: – Podemos recordar algo do passado e confundir com o presente?

– Creio que sim! – respondeu ela. – Faço um trabalho voluntário, participo de um grupo com o qual visitamos um sanatório onde várias pessoas se tratam. E algumas delas confundem a encarnação presente com outras. Dizem ter duas ou mais personalidades. Às vezes, isso ocorre por uma obsessão, ou seja, desencarnados as perseguem. Explicarei isso a você em outra ocasião. Se você quiser saber mais sobre esses assuntos, poderá encontrar respostas no Espiritismo, vou lhe emprestar os livros de Allan Kardec, que são muito explicativos – fez uma pausa e voltou ao assunto sobre o qual indagara. – Podemos, sim, ter lances de lembranças de outras vidas. Isso pode ocorrer em sonhos ou ao ver um lugar pela primeira vez e ter a certeza que já conhecíamos. Se você for mais explícita, poderei lhe explicar melhor.

– Tinha certeza de algo ter me acontecido na minha infância, e é muito grave. Cheguei a acusar uma pessoa. Agora não tenho mais certeza! Começo a desconfiar de que isso ocorreu na minha outra vida. Se isso aconteceu na minha vida passada, fiz uma coisa horrível.

Fiquei nervosa e comecei a chorar.

– Marisa – disse a palestrante –, temos um companheiro espírita que é médico psiquiatra, ele poderá ajudá-la.

– O tratamento não é caro?

– Pedirei a ele para atendê-la. Volte aqui amanhã. Vamos ajudá-la.

Voltei no outro dia, e a moça palestrante me entregou um cartão. O médico espírita iria me atender na semana seguinte e não me cobraria nada. Passei a ir quase todas as noites no centro espírita. Sentia-me bem, tranquila e dormia sem remédios.

Fui à consulta. Gostei do médico. Ele me pediu para contar-lhe tudo o que me aflige. Falei com sinceridade. Na primeira consulta ele me fez somente algumas perguntas. Na semana seguinte, indagou-me sobre minha infância e concluímos que não houve abusos. Na outra, contei os sonhos e senti como se estivesse revivendo aquelas cenas, tanto que suei, tremi, chorei, sentia ser negra.

Nas sessões seguintes, lembrei mais do que nos sonhos. Eu fora uma moça mulata, bonita, que fora estuprada pelo senhor da fazenda.

Concluí que eu tinha sido a Nega Fuor e que o senhor da fazenda tinha sido meu pai. Chorei muito. O médico me consolou.

— O que faço? — perguntei a ele.

— Se tiver oportunidade, conserte seu erro!

Agradeci muito ao médico, que me atendeu gratuitamente. Mas ainda tinha algumas dúvidas. Naquela noite assisti a uma palestra, no centro espírita, sobre o perdão. Minha mãe tinha razão quando, em sonho, mandou-me pedir perdão. Antes de tomar qualquer decisão, resolvi investigar. Visitei minha tia, a irmã de minha mãe.

— Tia — perguntei —, a senhora não se lembra de eu ter ficado doente quando pequena e ter sido levada para um hospital?

— Você nunca foi para um hospital. Sua mãe falava sempre que vocês tinham saúde. Não me lembro de você ter sido internada num hospital.

— Tia, mamãe não trabalhava fora. Ela ficava mesmo muito conosco, com as filhas?

— Ficava sim — respondeu titia. — Quando ela precisava sair, vocês ficavam comigo, e, quando eu precisava sair, ela ficava com meus filhos.

— Mas traía meu pai. Será que nos deixava sozinhas para ir se encontrar com o amante?

— Não sei de detalhes, mas penso que era no horário em que vocês iam à escola. Ela teve esse amante quando vocês já eram maiores. Mas por que pergunta isso? Por que esse interesse?

– É que estou pensando em quando foi que fiquei sozinha com meu pai – respondi.
– Este assunto de novo? Você não esquece? Sabe que na época em que você me contou do estupro, fiquei pensando nisso? Mas acreditei em você. Não morava junto e não teria como saber.

Mudei de assunto e fui logo embora.

No outro dia, fui à casa de minha irmã Marlene, no horário do almoço, e a ajudei a preparar a comida. Indaguei-a:

– Marlene, nosso pai não abusou de você?

– Não, Nega, papai nunca incomodou a mim ou a Márcia. Quando você falou do estupro, pensei muito, tentei lembrar. Conosco não, foi somente com você.

– Você sabe com quem mamãe nos deixava quando ia encontrar com o amante? – perguntei.

– Penso que ela se encontrava com o amante quando íamos para a escola ou no domingo, quando nos deixava com papai para ir à missa, ou dizia ir.

– Você sabe do nosso pai? Onde está ele?

– Ele foi morar no bairro... – respondeu Marlene. – Era um lugar pobre e distante. – Morava perto da Igreja... Por que pergunta, Nega? Por que não esquece isso?

Mudei de assunto, almocei com ela e voltei ao trabalho.

Conversei com outros familiares e tentei me lembrar de fatos ocorridos na infância. Nenhuma dessas lembranças desabonava meu pai. Fui procurar meu ex-namorado, com quem tive meu primeiro envolvimento sexual. Ele morava no bairro, era mecânico, fui à oficina em que trabalhava. Ao vê-lo, pedi para conversar com ele. Seus colegas riram. Ele me disse que ia lavar as mãos. Falei que ia esperá-lo no bar ao lado.

Fui ao bar, ocupei uma mesa num canto, sentei e pedi dois cafés. Ele sentou-se ao meu lado, sorrindo cinicamente.

– Agradeço por ter me atendido – falei. – Preciso de uma informação. Vou ser rápida. Você acha que eu era virgem quando nos envolvemos?

Ele parou de sorrir, pensou por uns instantes.

– Marisa, faz tempo, éramos jovens... Creio que sim!

– Já paguei o café. Obrigada! Até logo!

Voltei para casa.

No outro dia, era minha folga. Fui logo cedo para o bairro onde minha irmã havia dito que nosso pai morava. Peguei três ônibus. Perto da igreja citada, pedi informações.

– Senhor James – disse uma senhora que varria a calçada –, penso que só existiu ele com esse nome por aqui. Nome diferente!

Quando ela falou "existiu", estremeci, pensei que ele tinha desencarnado. Cheguei até a suspirar aliviada quando ela continuou a falar:

– Ele morou nos fundos daquela casa muitos anos. Sozinho, sem família, trabalhou muito e depois se aposentou. Ficou doente e então foi para o asilo.

A senhora me deu todas as informações e até os horários de visitas. Agradeci-lhe. Almocei num restaurante simples e depois fui para o asilo. Tive de esperar o horário de visita. Quando disse na recepção que queria visitar James, a moça atendente perguntou:

— O que você é dele?

— Filha!

— Nunca ninguém da família visitou o senhor James. Às vezes, ele recebe visita de ex-colegas de trabalho e até de ex-vizinhos. Infelizmente, existem familiares ingratos!

— Como ele está? – perguntei.

— Doente e sozinho! Você sabe o que é solidão? Ser desprezado por familiares? O senhor James não comenta nada da família. Vou avisá-lo que receberá visita.

Ela saiu para voltar logo depois e me disse:

— O senhor James está sentado num banco no jardim. Não acreditou quando disse que a filha está aqui. Pode ir vê-lo. É só atravessar o corredor que verá o jardim. Seu pai está perto do chafariz.

Minhas pernas tremiam, o coração disparou, e o corredor parecia não ter fim. Vi o chafariz e um homem velho, aparentava muito mais idade. Estava sozinho. Aproximei-me.

— Pai!

— Nega?! Você? O que faz aqui? Achei que era engano quando Neuzinha me disse que minha filha havia vindo me ver. Pensei que, se fosse verdade, deveria ser Marlene ou Márcia. Mas você? O que quer? Desonrar-me por aqui? Acabar com meu sossego?

— Não, pai – falei baixinho. – Não quero nada disso. Vim aqui para lhe fazer uma pergunta.

Papai abaixou a cabeça, suas mãos tremiam, sua respiração ficou ofegante. Sentei-me no banco ao seu lado e perguntei:

– O senhor me estuprou?

Pensei que ele não ia me responder, mas, com voz baixa, afirmou:

– Não!

Ficamos calados, foi depois de alguns segundos que ele voltou a falar, sem sequer se mexer ou me olhar:

– Nunca faria isso! Sempre abominei este ato. Achava e acho um ato abusivo, horroroso. Nunca faria isso! E não fiz! Filha ingrata! Mentirosa!

– Pai, escute-me, por favor! Não menti! Acreditava mesmo que isso tinha ocorrido. Mas aconteceu no passado – ele levantou a cabeça, olhou-me e voltou à posição anterior. Continuei a falar – Em nossas vidas passadas. Na nossa encarnação anterior, o senhor me estuprou...

– Basta, Nega! – ele me interrompeu. – Basta, por favor! Essa conversa de reencarnação é desculpa. Isso não existe! Aqui no asilo tem uma mulher, a Dona Clara, que está sempre falando isto: "Sou assim porque na vida passada...", "Não gosto disso porque...", "Estou aqui no asilo porque...". Desculpas! Desculpa para se justificar. Ela está aqui pelos seus atos desta vida mesmo. É muito chata e implicante. E esta casa não é castigo, é benção, mas Dona Clara tem de reclamar. Você também está fazendo isso! Está tentando se justificar. Mentiu, acabou com minha vida porque na vida passada... Você, Nega, já me fez muito mal. É mentirosa e cruel!

— Mas foi isso que aconteceu! — tentei explicar. — Pensava ser verdade, por nenhum momento julguei mentir.

— O que você quer? — papai perguntou.

— Que me perdoe!

— Fácil! Justifica sua mentira e pede perdão? Perdoo e pronto, fica tudo bem. Você fica em paz com sua consciência. Pedir perdão é outra enganação. Apronto, faço tudo errado, prejudico, maltrato... Aí peço perdão e tudo fica certo, fica tudo bem de novo. Você consegue entender o que me causou com sua mentira? Minha mulher me enxotou de casa. Meus filhos não quiseram mais me ver. No meu trabalho, todos me desprezaram, xingaram, tive de deixar o emprego de muitos anos, no qual ganhava bem. Quando saí de casa, fui morar numa pensão. Numa noite, um grupo de cinco homens me seguiu e me estuprou. Sofri tanto! Fiquei muito machucado. A dona da pensão me pediu para ir embora. Desprezado por todos, humilhado, tratado como o pior dos criminosos, afastei-me. Fui morar num bairro distante, mudei-me várias vezes. Na última, ninguém me reconheceu. Vivi sozinho, mas em paz e sempre com muita saudade.

Fez uma pausa e depois continuou a falar:

— Quando você inventou esta maldade, eu participava de um grupo que dava apoio às pessoas que haviam sido estupradas e até aos estupradores. Eles me expulsaram de lá. Jogaram pedras em mim, machucaram-me. Você sabia disso? Não! Com certeza, não!

— Pai, perdoe-me!

Ele começou a passar mal. Chamei a atendente, que me olhou reprovando e falou:

— Vou ajudá-lo! Acalme-se, senhor James. Vá embora, filha ingrata! Nunca veio vê-lo. Quando veio, foi para maltratá-lo!

Saí do jardim e fiquei na portaria. Vinte minutos depois, a atendente voltou e me olhou, séria. Perguntei:

— Ele melhorou? Está muito doente?

— Senhor James está doente. Aqui todos os idosos são doentes. Seu estado requer cuidados. Dei-lhe o remédio, deixei-o no leito, um amigo dele está lhe fazendo companhia.

Agradeci e saí. Como o médico psiquiatra que me atendeu recomendou que deveria tentar consertar o que havia estragado, resolvi fazê-lo. Ouvi muitos bons ensinamentos no centro espírita. Um dos que me chamaram mais a atenção foi sobre o perdão, sobre reparação, porque junto do pedido de perdão deve vir o ato reparador. Roguei coragem a Jesus. Decidi dizer a todos o que acontecera e sem adiar. Tinha que ser rápida. Resolvi começar naquele instante. Por ser mais perto de onde estava e por saber que meu irmão trabalhava à noite e certamente estaria naquela hora em casa, fui vê-lo.

Contei tudo falando rápido.

— Nega, como pode mentir assim? Não acredito nesta tal de reencarnação. Sou evangélico! Você estava endemoniada! Mentirosa sádica!

Chamou a mãe dele, que morava perto. Contou a ela.

– Mamãe, temos de pedir perdão ao papai. Deixe, Nega, o endereço do asilo. Agora, por favor, você pode ir embora?

Fui à casa dos avós do meu filho. Eles iam jantar. Contei tudo. Deixei-os assustados.

– Sempre pensei, mamãe – falou meu filho –, que a senhora era doida. Mas é completamente biruta! Papai tinha e tem razão de falar que a senhora não é certa. É doente!

– Mente e inventa justificativa? – perguntou a avó do meu filho. – Já ouvi falar de reencarnação, mas nunca escutei alguém mentir por esse motivo. Falam que esquecemos as outras vidas!

– Mamãe, que complicação! – exclamou meu filho. – Deixe-nos fora disso, por favor! Mãe doida é a última coisa que quero para mim.

Peguei minha bolsa e saí. Estava para desistir de desmentir, mas roguei novamente forças a Jesus. Senti que precisava reparar meu mal. Nunca pensei que meu pai sofrera tanto. Fui à casa de minha irmã Marlene. Contei a ela.

– Papai inocente! Meu Deus, como fui cruel! Não mereço perdão! – começou a chorar alto.

Meus sobrinhos vieram ver o que tinha acontecido. Marlene contou.

– Mãezinha – disse minha sobrinha –, por favor, não se desespere! A senhora acreditou na tia Nega. Vovô com certeza a perdoará.

— Mas como anular o sofrimento dele? — Marlene perguntou aflita.

Continuou chorando. Saí sem me despedir. Márcia morava perto de Marlene, fui para lá. Assim que ela me viu, falou, alterada:

— Nosso irmão me telefonou contando o que você fez. O demônio tomou conta de você!

— Agora ou antes? — perguntei.

— Penso que sempre! Mentiu e continua mentindo! Vou falar com o nosso pastor. Pedirei a ele para afastar este demônio de você. Mas precisa cooperar!

— Márcia, não irei a pastor nenhum. Eu não menti. Acreditava que era verdade. Isto porque aconteceu no passado. Eu me confundi. Agora que compreendi, estou tentando me retratar contando a verdade.

— Verdade com outra mentira? Você quer que eu acredite nesta invenção de reencarnação? Seria mais honesto você dizer: menti e pronto!

— Pronto mesmo? — perguntei.

— Claro que não! Sabe o que eu sinto? Você me fez ser má filha! Devo pedir muitas vezes perdão a Deus. Com certeza nosso pastor me ajudará. Desrespeitei o mandamento: "Honrai pai e mãe"! Você tem de ler a Bíblia, orar, talvez Deus a perdoe.

Saí sem me despedir. Fui para casa. Estava tão arrasada que nem conseguia chorar. "Coragem. Devo continuar", pensei.

Telefonei para minha tia. O telefone era algo recente. Nem todos possuíam. Comprei o meu com dificuldade, pagando em prestações. Minha tia morava nos fundos da casa de um filho, e era ele que possuía telefone. Foi a mulher dele quem atendeu, e, por coincidência, titia estava lá e atendeu assustada.

– Aconteceu alguma coisa? Você está bem?

– Titia, hoje fui ver meu pai no asilo e... – não a deixei falar e contei tudo.

– Nega, será que estou ficando caduca? Não ouvi direito! Você está me dizendo que inventou tudo? Não foi estuprada pelo James?

– Sim – respondi e pedi: – Titia, naquela época, a senhora me ajudou a contar tudo para os familiares e conhecidos. Quero agora que a senhora me ajude a desmentir.

– Sua louca! – titia gritou. – Eu a ajudei? Tem coragem de me dizer que fui eu que menti? Com que coragem desmentirei?

– Com a mesma que estou tendo em dizer que me equivoquei. Faça-me o favor, diga aos outros tios e primos e tchau!

Desliguei o telefone. Das minhas filhas, somente Ivete tinha telefone. Liguei para ela. Contei. Ela me escutou calada.

– Por favor – finalizei –, conte à Nizete para mim. Vocês moram perto.

– Mamãe, a senhora tem certeza de que não está delirando? O que acaba de me contar é um absurdo! A senhora está bem? Quer ir ao hospital? Está com febre?

— Ivete, não estou doente, nem com febre, e não deliro. Comecei a ter sonhos com o passado, com acontecimentos de minha vida anterior a esta, procurei o espiritismo e os espíritas me aconselharam a procurar um médico psiquiatra, e pelo tratamento, soube que o estupro ocorreu na minha outra encarnação. Procurei seu avô, e ele realmente não me estuprou. Estou tentando reparar meu erro falando a verdade para todos. Será que é tão difícil assim de acreditar?

— Claro que é! Isso é absurdo! Temos uma vida somente! Mesmo se tivéssemos mais vidas, o que a senhora fez continuaria sendo um absurdo! Eu...

Desliguei o telefone e o tirei do gancho. Estava muito cansada, com dor de cabeça e pelo corpo. Mas sentia certo alívio. Mesmo sabendo que não iria anular o padecimento que causara, tentei, contando a verdade, repará-lo de algum modo. Tomei um banho demorado, três comprimidos para dormir e me deitei. Adormeci.

ಲ

No outro dia, acordei com muitas dores pelo corpo. Telefonei para o salão de beleza onde trabalhava informando que não estava me sentindo bem e não iria trabalhar. Pensei que os familiares me telefonariam, porém o telefone não tocou. Queria receber apoio, pelo menos compreensão. Mas pensei: "Eu não era compreensiva, por que teria de receber compreensão?". Estava tendo o retorno de minhas atitudes. Senti-me sozinha, muito triste, porém aliviada. Fiz o que tinha de fazer. Embora não pudesse voltar no tempo e anular o sofrimento causado ao meu pai, tive coragem de reconhecer meu erro e dizer a todos.

No outro dia, fui trabalhar e, no horário do almoço (sempre almoçávamos na copa do salão), contei a duas companheiras que há tempos trabalhavam comigo toda a verdade. Uma achou que eu deveria me tratar, a outra acreditava na reencarnação e me apoiou.

Comentaram esse assunto por dias e escutei várias opiniões. Resolvi acatar somente os conselhos dos companheiros espíritas. Ia ao centro espírita todas as noites, menos aos domingos.

Duas semanas se passaram, e ninguém de minha família me procurou, mas me lembrei de que isso sempre ocorria. Ficávamos semanas sem nos falar. Senti esse isolamento porque estava sofrendo.

Resolvi procurá-los. Telefonei para meu filho. Tratou-me como sempre, até que perguntou:

– Mãe, como está a história do vovô? Soube que foram todos visitá-lo. Tia Marlene quis trazê-lo para a casa dela, mas vovô não quis. Passou o domingo com ela e foi muita gente vê-lo.

– O que mais sabe sobre isso?

– Quer mesmo saber? – não esperou pela minha resposta e disse: – Levaram-no a médicos, e ele está de óculos novos, compraram-lhe roupas. Ele está contente! Estou pensando em, domingo que vem, ir à casa da tia Márcia para vê-lo. Não o conheço!

Despedimo-nos. Liguei para o trabalho de Nicete. Ela se assustou.

– Mãe! A senhora está bem? Está doente?

– Não, por quê?

– Não costuma ligar.

Ficamos sem saber o que falar. Resolvi perguntar:

– Você viu seu avô?

– Fui visitá-lo no asilo e domingo passei pela casa da tia Marlene. Achamos, Ivete e eu, que deveríamos, de alguma maneira, amenizar o que a senhora fez a ele. Mamãe, por que fez isso?

É muito difícil mudarmos: exaltei-me, alterei-me e xinguei. Nicete desligou o telefone.

Nos outros dias, tentei falar com minhas irmãs e com meu irmão. Senti que eles se esforçaram para serem educados, responderam-me com monossílabos e nenhum deles quis prolongar a conversa.

Folgava nas segundas-feiras, então resolvi ir ao asilo. Fazia três meses que desmentira tudo.

No horário da visita fui ao asilo. Desta vez, a atendente foi gentil e comentou:

– Soube que os familiares do senhor James não sabiam onde ele estava. Quiseram até levá-lo daqui, mas ele preferiu ficar conosco. Pode ir vê-lo, deve estar no jardim.

Já sabendo o caminho, fui ao jardim. Vi papai sentado num banco. Ele estava mudado, renovado. Bem vestido, com roupas novas, óculos de aro moderno, cabelos cortados e barba feita. Aproximei-me. Ele me viu e ficou me olhando.

– Oi, pai!
– Oi, Nega!
– Como o senhor está passando?
– Bem e mal – respondeu ele. – Bem porque, embora tardiamente, todos souberam que nunca fui um estuprador. Estou contente por minha família se aproximar de mim. Mal porque me sinto doente. Não estou nada bem. E você, como está?
– Muito triste, mas aliviada.

Ficamos calados por minutos. Talvez por não sabermos o que falar. Pensei em Jesus, pedi ao Mestre Amigo coragem.

– Pai, perdoe-me!
– Nega, tenho pensado muito no perdão. Depois que você desmentiu tudo, não passei mais um domingo no asilo. Márcia tem me levado, ao templo que frequenta. O pastor fala muito bonito. Ele diz que Deus nos perdoa conforme perdoamos os outros. Até na oração do Pai-Nosso se diz: "perdoa-nos para sermos perdoados" ou "perdoa-nos assim como perdoamos". Está sendo muito difícil perdoá-la. Sabe por quê? Porque o perdão não anula o que passei. É simples perdoar? Da boca para fora é. Mas de coração é difícil. É fácil eu lhe dizer: perdoo! Mas será sincero? Olhando para você, indago-me: "Por que, meu Deus?". Por que você, minha filha, fez isso comigo? Por que mentiu desse modo?

Papai começou a ter falta de ar.

– Eu tinha certeza, papai! Não menti! Acreditava! Comecei a chorar.

– Vá embora, Nega!

– Abençoe-me! – pedi.

– Bênção é como perdão, tem de ser sentida, doada com amor. Não sofra, Nega! Não sofra!

Afastei-me e pedi à atendente que fosse vê-lo. Esperei na portaria. A moça voltou logo e me tranquilizou:

– Seu pai já se sente melhor!

Fui para casa. Minha rotina continuou: trabalhava, saía de casa para fazer algumas compras e ia ao centro espírita. No salão, os comentários sobre este assunto cessaram. Tentei me aproximar dos familiares, mas somente minhas filhas tentaram me tratar como sempre. Para o restante, eu era mentirosa e fizera uma tremenda maldade. Para os mais religiosos, eu fora instrumento do demônio.

Não estava me sentindo bem. Pensei que era por estar muito triste.

Passaram-se sete meses desde que falara sobre o ocorrido a todos. Minha irmã Marlene me telefonou. Depois de perguntar "Como vai?", ela me falou:

– Papai morreu na sexta-feira.

– Hoje é quarta-feira. Por que não me avisaram?

– Márcia e nosso irmão decidiram não avisá-la. Fizemos um enterro simples. Foi enterrado num cemitério no bairro em que morou, perto do asilo. O pastor fez uma bonita prece, e o padre que dá assistência ao asilo abençoou o corpo. Papai estava doente. Quando soubemos que era inocente, fomos todos vê-lo, pedimos perdão. Ele nos perdoou. Nós o levamos a médicos, mas papai estava com problemas sérios no coração. Morreu na madrugada de sexta-feira e o enterramos no mesmo dia, à tarde. Concordei com Márcia em não avisá-la porque pensei que ia ser muito constrangedor para você.

— Marlene, você me entende? — perguntei.
— Tenho me esforçado. Conversei até com o padre. Ele me disse que você deve ser doente. Explicou que existem pessoas que acreditam tanto em algo que, para elas, aquilo passa a ser verdade, e não se dão conta de que mentem. O que sinto, Nega, é ter aceitado o fato como verdadeiro. Deveria, na época, ter conversado mais sobre o assunto com você e com papai. Talvez, se a indagássemos, querendo detalhes, iríamos perceber que você inventava. Talvez por papai ter sido sempre calado, introvertido, e por você ter afirmado com tanta convicção e colocado um psicólogo na sua história, todos acreditaram. Sofri e tenho sofrido por ter dito coisas horríveis para papai. Ele me perdoou, mas eu não me desculpo.

— Você me perdoou?
— Minha irmã, você não me pediu! Será, Nega, que não deveria pedir perdão a todos nós? Agimos errado por sua causa. Mas você não nos obrigou a acreditar, não nos obrigou a nada. Calúnia é assim mesmo. Palavras jogadas ao vento que são difíceis de anular. Porém, acreditamos em você

porque quisemos. Sendo assim, você não precisa se desculpar. Se for verdade que existe reencarnação e que nosso pai a estuprou em outra vida, não era para você perdoar e esquecer? Se não o fez...

— A culpa é minha, não é? A culpa de tudo de ruim que acontece com a família é por minha causa — interrompi-a, falando de modo rude.

— Deve ser mesmo! Nega, deixe-me em paz. Não sei por que converso com você. Não preciso receber seu mau humor. Já avisei da morte do papai.

— Desculpe-me, Marlene!

— Ofende e pede desculpas. Por que não para de ofender? Vou desligar. Tenho um compromisso. Tchau!

Senti que já não era nem mais tolerada. Recebia o que plantara. Passei a prestar atenção nas minhas atitudes, esforcei-me muito para não ofender ninguém. Tentei melhorar.

Sentindo muitas dores e mal-estar, procurei um médico, que me pediu vários exames. Resultado: estava com câncer em vários órgãos. Nessa época, não se curava de câncer. Aposentei-me, passei a ir pouco ao salão, somente para atender algumas clientes.

A casa em que morava era do meu primeiro marido e minha. Nós não nos separamos legalmente. Pela lei, éramos casados. Ele veio falar comigo. Queria vender a casa.

— Nega, com o dinheiro que receberá poderá comprar uma casa menor em outro bairro. É melhor vendê-la. Gostaria de reformar a casa em que moro. Você sempre morou aqui e eu nunca cobrei aluguel da minha parte.

Cheguei até a suspirar para não me exaltar. Esforcei-me muito e disse:

— Vamos esperar até o final do ano. No começo do outro, venderemos a casa.

Ele se espantou com minha atitude, certamente esperava uma explosão de minha parte. Dei esse prazo porque com certeza iria desencarnar antes do final do ano. Não contei a ninguém de minha doença. Aproveitei que havia mais tempo livre para ler, estudar a Doutrina Espírita, e passei a ir às tardes num orfanato e asilo do bairro. Uma equipe de frequentadores do centro fazia essas visitas. Eu cortava os cabelos, fazia as unhas e as esmaltava. Esses atos eram recebidos como agrados, carinhos, que melhoravam a autoestima dos internos. Sentia-me bem comigo, mas minha saúde foi piorando.

Não querendo que meus familiares sentissem remorso e achando que eles deveriam saber, contei a eles a minha doença.

Minhas filhas se aproximaram de mim, preocuparam-se e tentaram me ajudar. Depois, aproximaram-se minhas irmãs, netos e sobrinhos. Tratava-os bem e fui também bem tratada. Não cobrei nada e acabei recebendo.

Fui hospitalizada. O grupo espírita me visitava todos os dias, os familiares também. Senti muitas dores, mas tentei não reclamar. Desencarnei tranquila.

Dormi para acordar num quarto agradável. Não senti dores. Percebi logo que meu corpo físico morrera. Reconheci o lugar em que estava. Era um posto de socorro que fazia parte do centro espírita que frequentava. Reconheci porque, por muitas vezes, estivera ali quando meu corpo carnal dormia.

Aceitei, agradecida, o socorro que recebi e me esforcei para me livrar dos reflexos da doença. Sentindo-me sadia, quis ser útil. Foi com muita alegria que passei a fazer pequenas tarefas.

Recebi a visita de minha mãe. Ela me contou:

– *Meu desencarne foi muito diferente do seu. Sofri por não aceitar a morte do meu corpo físico. Vaguei confusa, estive uns anos no umbral. Sofri. Mas a bondade de Deus é imensa e fui socorrida. Adaptei-me, aprendi muitas coisas e soube de vocês. Ao visitar James, compreendi que ele era inocente, então tentei avisá-la com os sonhos. Você adormecia, e eu tentava conversar com você, em espírito. Você teve a coragem para desmentir, fiquei contente com seu gesto. Tentou consertar, reparar seu erro.*

– A senhora sabe do papai? – perguntei.

– *Ele foi socorrido, ainda não fui visitá-lo. Também não agi corretamente com ele.*

Conversamos muito. Agradeci-lhe.

– *Se não fosse pela senhora, teríamos, papai e eu, desencarnado sem tentar nos entender. Eu, pensando ter sido estuprada; e papai, sentindo muita mágoa. E todos na família ficariam sem reparar as ofensas. Se eu não tivesse procurado saber da reencarnação, não teria ido ao centro espírita e não estaria agora aqui. Obrigada, mamãe!*

– *Ainda bem que consegui!*

Meses se passaram. Estava completamente adaptada e aprendi a viver como desencarnada. Pedi e recebi permissão para visitar meu pai. Nosso encontro foi emocionante.

– Filha, como erramos! *Sei agora muita coisa sobre reencarnação. De fato, eu fui um estuprador! Nessa minha última reencarnação, repelia tanto esse ato! Isso porque, na minha desencarnação anterior, sofri por esse erro e por outros também. Relutei em perdoá-la, porque não compreendia direito o que é perdão. Pensava que perdoar era anular o ato e suas consequências. Não conseguia esquecer o que sofrera. Mas, ao desejar que você não sofresse, eu estava sendo sincero, foi a minha maneira de perdoá-la. É muito certo este ensinamento: perdoe para ser perdoado! Necessitando de perdão, necessitava perdoar. Perdoar não apaga o que aconteceu, nossos atos fazem parte de nós, mas enquanto esses atos nos incomodarem, o perdão não existiu de fato.*

Resolvemos, após esse encontro, pedirmos para, junto com um orientador, nos lembrarmos do período em que estivemos unidos em nossa encarnação anterior. Nosso pedido foi atendido, e a data foi marcada. Chegamos minutos antes ao departamento de reencarnação da colônia, que ficava sobre o espaço espiritual da cidade onde residimos.

Estávamos ambos apreensivos. Oramos, tentamos nos tranquilizar, e eu fui a primeira a recordar.

Eu encarnei numa fazenda, meu pai era empregado, e minha mãe, escrava liberta. Filha de pai moreno, mas branco, e mãe negra. Fui uma mulata muito bonita, por isso atraí a atenção do proprietário daquele lugar. Este senhor tinha uma casinha afastada da casa-sede somente para seus encontros. Ele me quis e fui levada para lá. Fui estuprada sem piedade. Isso ocorreu muitas vezes. Chamava-me, nesta existência, Flor, o que acabou sendo Fuor. Uma flor negra, e aí ficou Nega Fuor.

Minha família recebia alguns benefícios pelo interesse do "sinhô" por mim. Eu tinha verdadeiro horror a esses encontros. Quando este senhor desencarnou, eu estava doente, com doenças venéreas, e muito perturbada mentalmente. Desencarnei jovem, aos vinte e oito anos. Nunca saí da fazenda.

As lembranças do meu pai foram: Nasceu numa família rica e herdou uma grande propriedade rural. Se possuía muitos vícios, tinha qualidades também. Era trabalhador, casou e teve filhos. Escravocrata, não foi mau com os escravos. Alimentava-os bem, agasalhava-os, permitia que fizessem festas e não separava as famílias. Mas gostava das escravas e fazia delas suas amantes, forçava muitas. Brigou seriamente com um vizinho por causa de terras, ambos queriam ficar com uma parte onde passava um rio. Uma das filhas do fazendeiro rival veio passear imprudentemente a cavalo nas terras dele e caiu. Em vez de ser ajudada, foi estuprada por ele. Agiu como se a moça viesse procurá-lo, como se tivesse se oferecido a ele. A moça foi embora, arrasada e machucada. E a resposta a esse ato veio depois de uns dias. Foi na festa do santo padroeiro da cidade próxima. Sua família foi à cidade, e os escravos faziam festa no terreiro. Um grupo de homens armados conseguiu entrar escondido na casa-grande, torturaram-no e o mataram.

Ele sofreu muito, e, quando sofremos por atos errados que cometemos, muitas vezes acabamos por repeli-los.

Meu pai segurou minha mão. As lembranças terminaram, e conversamos.

– Perdoe-me, Marisa! Não vou chamá-la mais de Nega.

– Perdoo! Desta vez o perdão é real. Os fatos passados serão somente lembranças tristes, mas não me incomodarão mais. O senhor me perdoa?

– Sim, e de coração, com sinceridade – papai falou emocionado.

– Quando não resolvemos uma dificuldade – explicou o orientador que nos ajudava –, este problema fica nos incomodando até o resolvermos. Quando nos é recomendado perdoar, é como dizer: seja feliz! Enquanto não se perdoa verdadeiramente, fica-se preso a ações do passado. James sofreu com as torturas e também sofreu muito no umbral para onde foi levado. Arrependeu-se realmente. Reencarnou entre aqueles que prejudicou no passado para se reconciliar. A primeira esposa foi a sua mulher traída do passado, que não resistiu e, tendo oportunidade, traiu-o. Mas não se isentou do erro. Não existe motivo para retribuir mal com mal. Marlene foi a moça, filha do fazendeiro rival, e Márcia, outra escrava.

– Talvez seja por isso que todos não duvidaram de mim! – exclamei. – Em espírito, sabiam o que ele fizera, do que fora capaz de fazer anteriormente.

— Temos, Marisa, sempre a reação de nossos atos — continuou o orientador a nos esclarecer. — O aprendizado se faz necessário, e a dor tenta ensinar. Infelizmente, você confundiu o passado com o presente. O estupro ocorrido na encarnação anterior foi algo muito marcante. Por não perdoar, não conseguiu se reconciliar, tornando difícil a convivência familiar. Para muitos espíritos, é dificultoso lidar com lembranças marcantes. E, quando isso acontece, podem, ao reencarnar, sofrer por traumas que se manifestam com lembranças parciais, confusas, de fatos extraordinários do passado.

— Eu me lembrei de maneira confusa! Tive somente uma lembrança, a que mais deveria esquecer — lamentei.

— Marisa — disse meu pai —, vou estudar o Evangelho, participar de terapias, quero aprender a amar com ação, ou seja, fazer o bem com amor. Quero que estas lembranças sejam somente tristes, sem traumas.

— Vou pedir para fazer isso também — decidi.

Papai despediu-se, fiquei com o orientador e o indaguei:

— Como Nega Fuor, meus sofrimentos foram reações, não foram?

— Sofrimentos podem ser por muitas causas. Você poderia ter sofrido aquela ofensa para provar a si mesma que aprendera a perdoar.

— Sinto que não foi prova. Se fosse, seria reprovada. Podemos receber uma reação e ela ser também uma prova?

— Sim — respondeu o orientador. — Se você tivesse perdoado verdadeiramente o fazendeiro, sua reação teria sido também uma aprovação. Provaria a si mesma que aprendera a perdoar.

— Se isso tivesse acontecido, se tivesse perdoado no meu último estágio no físico, teria sido bem diferente. Não teria magoado ninguém, e minha existência teria sido bem mais fácil. Não teria sido infeliz! O senhor tem razão, devemos perdoar para sermos tranquilos e ter paz. Gostaria de saber quais os atos que cometi que me levaram a receber esta reação de ser estrupada.

O orientador me olhou e fui lembrando. Fora, na encarnação anterior à Nega Fuor, uma mulher muito bonita. Fui prostituta quando jovem. Depois, mais velha, dona de uma casa de prostituição. Até aí, embora não agisse certo, prejudicara somente a mim. Mas o que nos marca, enlameia-nos, é a maldade feita a outras pessoas. Comprei jovens, meninas entrando na puberdade, de pais endividados ou enganados, que pensavam que as filhas seriam empregadas domésticas, e as transformava em meretrizes. Algumas eram forçadas. Se não obedecessem, eram privadas de alimentos e batiam nelas. Desencarnei, sofri muito no umbral, e reencarnei num local onde seria propício receber a reação como aprendizado. Fui bonita. Minha irmã era feia e não sofreu abusos.

Chorei sentida e exclamei.

— Como nos orgulhamos indevidamente! Se soubéssemos o que já fizemos, ninguém teria orgulho de nada! Vou estudar e trabalhar muito, penso que somente assim terei forças para seguir o caminho do bem.

Agradeci e saí do departamento. Papai me esperava.

– Marisa, esperei-a porque quero lhe dar este livro. Adquiri-o com meu trabalho. É o Evangelho Segundo o Espiritismo, de Allan Kardec. Sei que quando você quiser ler este livro poderá pegá-lo nas bibliotecas. Mas este é presente meu.

– Obrigada, papai! – exclamei emocionada.

– Somos amigos agora, não é, minha filha?

– Sim, somos amigos.

– Ainda não gosto da reencarnação. Sofri muito nessa última sem saber o motivo – disse meu pai.

– Papai, se não houvesse a reencarnação e o senhor tivesse tido somente a existência do fazendeiro, onde será que estaria agora?

– No inferno. Isto é, no umbral.

– Não é muito melhor termos outras oportunidades? – perguntei.

– Você tem razão, e o esquecimento é também muito importante. Já pensou se eu não esquecesse que fui aquele fazendeiro horroroso? Na minha próxima encarnação, será muito bom esquecer o fazendeiro e o James e iniciar mesmo outra etapa. Quero aproveitar muito e fazer o bem na minha volta ao físico. Aguardarei ansioso mais uma oportunidade que Deus nos dá através da reencarnação.

– Eu sofri muito com uma lembrança somente. Teria sido bem melhor para mim, para nós, se não me lembrasse de nada. O esquecimento é um grande bálsamo! Obrigada pelo presente! – agradeci novamente.

Encontramo-nos sempre e nos tratamos como amigos. Papai mora numa colônia, e eu estou trabalhando no posto de socorro que faz parte do centro espírita que frequentei quando encarnada. Estou ativa no trabalho e no estudo.

Como o esquecimento total do nosso passado é importante na reencarnação! E como me confundi por ter somente uma lembrança. Que oportunidade valiosa é a nossa volta ao plano físico em corpos diferentes!

Marisa.

cinco

NEM SEMPRE O QUE PARECE SER É...

Frank me telefonou, pediu-me para recebê-lo, queria falar comigo sobre algo importante que descobrira. Não estava com vontade de vê-lo nem de conversar com ele. Por ter insistido e por estar entusiasmado com o assunto de que queria me fazer participar, combinamos que o receberia em minha casa uma hora depois.

Ajeitei a sala de estar e me arrumei. Frank, pontual como sempre, tocou a campainha e eu abri a porta.

– Como está, Lucy?

Cumprimentou-me, estendendo a mão direita; na esquerda, segurava um vaso de flores que me entregou. Agradeci as flores, coloquei-as em cima de uma mesa, conduzi-o à sala de estar, fechei a porta, convidei-o a sentar e me acomodei numa poltrona. Não queria sentar perto dele. Olhamo-nos. Frank estava bem, não aparentava ter setenta anos, sempre bem vestido, com os cabelos penteados, e estava radiante. "O que ele tem para me dizer deve ser uma coisa boa", pensei.

— Lucy, você já ouviu falar em reencarnação?

— Sim, já – respondi. – Li alguns livros que abordavam esse assunto. Mas não estou entendendo. O que a reencarnação tem a ver com o assunto importante que tem a me dizer? Tem algo a ver com meu filho?

Um dos meus filhos – tive onze – era casado com a filha de Frank.

— Não! O casal está bem. Lucy, procurei ajuda de um psiquiatra e, por indicação desse profissional, consultei outro, que me fez uma regressão de memória.

Não estava entendendo. Frank percebeu e tratou de explicar.

— É mais profundo que recordar fatos desta vida. Recordamos de outras. Isto é: nossa alma, o espírito, é de fato imortal, não morre com o corpo. Para progredirmos, nascemos muitas vezes em corpos diferentes.

Estava para perder a paciência, porém continuei atenta. Com Frank, sempre agi assim, também não entendia o porquê. Tinha mais paciência e tolerância com ele do que com qualquer outra pessoa, mais até do aquela que eu tinha com meus filhos.

— É melhor explicar — pedi.

— Se você raciocinar, tentar compreender, isto se torna simples. Deus é perfeito demais para fazer algo injusto e errado. As diferenças sociais, intelectuais e morais são disparates. Por que Deus nos criou assim? "Porque quis"? Nada disso, Ele não nos criou desse modo, nós que nos fizemos assim. Mary Lucy, se você quiser se aprofundar no assunto, darei de presente alguns livros, muitos deles escritos por mestres, pessoas inteligentes...

Frank elogiou alguns autores, nunca elogiara meus livros. Achei que estava me ofendendo novamente e pensei: "Bem feito para mim. Por que o recebi?".

Ele me olhou e continuou a falar:

— Desculpe-me o entusiasmo! Vou contar a você como foram minhas sessões com esse psiquiatra. Primeiro, ele me explicou muitas coisas, disse-me que, se não entendemos algo presente em nossa vida, a explicação pode estar no passado, mas não no passado desta existência. Ele me fez recordar, gravava nossas conversas e depois as escutava. Nas três primeiras, falei de fatos da minha infância de que não me lembrava, as quais, porém, me magoaram. A partir da quarta sessão, lembrei que antes de nascer estava num local muito diferente e que planejei voltar à Terra, ser o Frank, prometi esquecer e perdoar. Nas sessões seguintes, recordei-me de minha outra vida, ou seja, encarnação. Nessa existência amei muito você, que me humilhou, me traiu e muito me fez sofrer.

Eu o escutava sem me mexer, fiquei como que paralisada. Tudo que Frank dizia podia parecer fantasioso demais, porém sentia que poderia ser real. Ele fez uma pausa e continuou a falar.

– Lucy, nessas regressões, as lembranças vêm como algo muito real, verdadeiro: vi como vivia, onde morava, como você era, o que passei, o que sofri. Você deve estar se perguntando por que fiz isso. Foi para saber o porquê de sentir necessidade de a ofender. Por que somente ofendia você? Lucy, eu sempre a amei. Agora descobri, entendi o porquê. Não é ótimo?

– Você está me dizendo que você me ofende porque sente necessidade? – perguntei.

– Sim, é verdade! Sentia necessidade de ofendê-la e, pior, não me arrependia. Mesmo sofrendo sem você, e sofri bastante, sempre que possível a ofendia. Isso porque no passado você me maltratou muito.

– Frank, se essa terapia diferente está lhe fazendo bem, bom para você. Agora me desculpe, tenho um compromisso.

– Com algum pretendente? – indagou ele.

Olhei-o séria. Havia prometido a mim mesma que não iria receber mais ofensas de Frank. Ele percebeu que havia me aborrecido e se desculpou:

– Desculpe-me, Lucy. Embora agora saiba o porquê de sentir vontade de ofendê-la, ainda não consigo totalmente me controlar. Mas o importante é isto: sei agora o porquê. Vamos ficar juntos novamente? Por favor...

Suspirei fundo, olhei-o nos olhos e respondi falando vagarosamente, como sempre fazia quando a decisão era importante:

— Frank, se esse tratamento curou-o de sua indelicadeza em relação a mim, maravilha! Não sei se acredito nisso. É fácil justificar nossos atos indevidos e, quando queremos, encontramos sempre uma maneira. "Faço isso ou aquilo, mas não é por minha culpa, é porque você me fez aquilo outro no passado." Porém, nem sempre as desculpas modificam atos cometidos. Podemos colocar remendos num tecido, mas estará sempre remendado. Se o que você me disse é verdadeiro, se eu fui maldosa em outra existência, não sou mais! Com meus sessenta e seis anos, não maltratei nenhuma pessoa e não quero agir com maldade com ninguém. Creio que tentei me reconciliar com você, isso se guerreamos em outra vida. Não o ofendi, não revidei, desculpei-o e até o amei. Se você sentia necessidade de me ofender, é porque não perdoou, e, se não o fez, isso é problema seu e não meu. Não tenho compromisso com nenhum pretendente, irei ao médico com minha filha Rose. Não quero mais envolvimentos com ninguém, nem com você. Frank, nosso caso está encerrado. Não me interessam suas descobertas, nem o passado desta e nem de outras, que nem sei se houvera. Não quero encontrá-lo, a não ser pelo fato de que é sogro de um dos meus filhos.

— Mas, Lucy... Escute-me...

— Não, Frank, não me interesso por seus motivos, mas pelos meus. Eu me amo, prometi não dar mais oportunidades de ser ofendida por você. Quero ter sossego! E não tente me culpar! Não perdoando, você é o único culpado! Isso se a reencarnação for de fato verdadeira. Por favor, vá embora e não me procure mais.

    Levantei-me, abri a porta, dirigi-me ao *hall* e abri a porta da saída para a rua. Frank me olhou suplicante, desviei o olhar, ele saiu e fechei a porta.

ಲ

    De fato fui acompanhar minha filha Rose, a caçula, ao médico. Esforcei-me para agir com naturalidade, mas me recusei a tomar chá com ela: preferi me despedir e ir para casa. O que Frank disse me perturbara, ele sempre teve o dom de me tirar a tranquilidade. Em casa, tive que resolver alguns problemas corriqueiros e, logo que me foi possível, dispensei minha empregada e fui para meu quarto. Acomodei-me e relembrei.

    Nasci ou, agora corrijo, reencarnei numa família de classe média, numa cidade de porte médio que cresceu muito nos últimos anos. Ao longo de toda a minha existência morei lá. Minha infância foi tranquila, assim como a juventude; fora uma aluna aplicada, sempre gostei de estudar. Conheci Frank quando ainda era menina, achava-o bonito, víamo-nos muito, ou eu tentava sempre vê-lo. Mocinha, interessei-me por ele, ou melhor, enamorei-me. Talvez por ser mais velho: nessa idade, na adolescência, faz diferença. Frank me ignorava. Então, resolvi me fazer notar. Nunca fui de desistir de meus propósitos, que, naquele momento, eram conquistá-lo, namorá-lo. Frequentava lugares onde sabia que ele iria, dei até esbarrões nele, olhava-o fixamente e... nada. Num encontro musical em que jovens se reuniam à tarde, convidei-o para dançar. Necessitei, para fazer isso, de muita coragem; estava com amigas, e ele, com seus amigos. Ele sorriu e respondeu alto:

– Não danço com pirralhas! Vá, menina, procurar garotos de sua idade. Não é elegante dar uma de mulher fatal!

Riram, alguns sem graça pela indelicadeza da resposta e outros porque acharam graça mesmo. Esforcei-me e ri também. Segurei-me a tarde toda para não chorar e parecer natural. Esse fato não me fez desistir dele e recebi outras respostas grosseiras. Sofria com suas rejeições e ofensas. Um dia, ao sair da escola, retornando à minha casa, ao passar por uma praça, vi Frank sentado num banco. Sentei-me em outro, onde ele não me via, e fiquei o observando. Ele estava lendo um livro. Uns oito minutos depois, fechou o livro com força. De dentro, caiu uma folha de caderno que ficou perto do banco. Frank não percebeu que o papel havia caído, levantou-se e foi embora. Disfarçadamente, fui lá, peguei a folha de papel, coloquei-a entre meus cadernos e fui para casa. Tranquei a porta do meu quarto para ler o que estava escrito. "Maravilha!", exclamei contente. Anotado por itens, estava o que lhe agradava numa mulher e do que não gostava. Escondi muito bem aquela folha de caderno.

Rapidamente, transformei-me na mulher das anotações. Pedi para um senhor me dar aulas de dança, comprei livros dos autores anotados e os li. Interessei-me por psicologia, cortei os cabelos, comprei roupas, passei a falar mais baixo e devagar, enfim, transformei-me na mulher ideal para quem anotava aqueles itens. Pensava ser Frank, sem dúvida, o autor das anotações.

Sabendo dançar razoavelmente, matriculei-me num curso de danças que era, na verdade, um encontro de pessoas que gostavam de dançar. Estas aulas eram num clube que eu não frequentava. Costumava ir em outro, que era mais para a elite. Gostei, mas me decepcionei porque Frank não estava matriculado, embora fosse sempre lá. A reunião dançante era às segundas-feiras, à noite.

Li todos os livros de psicologia disponíveis na escola em que estudava e li também os dos autores citados, alguns podiam ser encontrados somente na biblioteca municipal local, que passei a frequentar para que pudesse lê-los. E lá encontrei Tommy, um rapaz louro, bonito, que frequentava a dança. Surpresos, vimos que estávamos à procura do mesmo autor. Tommy me pareceu perfeito para conversar sobre os assuntos dos itens da folha de papel. Ele elogiou meu perfume, o citado como preferido. Tommy tinha uma namorada ciumenta que, numa reunião dançante, fez um escândalo, isso porque ele dançava com uma garota muito bonita. A turma sentiu dó dele.

Estava tão concentrada em ser a mulher perfeita segundo aquelas anotações que até deixei de perseguir Frank, que trocava de namoradas.

Outra escola promoveu um estudo sobre psicologia e formaria grupos para debater determinados assuntos. Algumas amigas e eu nos inscrevemos. Foram divididos três grupos por autores da psiquiatria. Inscrevi-me no meu preferido. Frank não se inscreveu em nenhum grupo, mas ia a todos os encontros. Tommy fazia parte do meu grupo, tínhamos os mesmos conceitos, tínhamos lido os mesmos livros. Nós dois ficamos como líderes da nossa turma e estávamos tendo as melhores notas. Nessa época, Tommy, cansado dos ciúmes da namorada, terminou o namoro. Frank continuava me ofendendo. Eu já não o perseguia, porém, como íamos aos mesmos lugares, encontrávamo-nos sempre, e ele me chamava de "pirralha", "miniatura de mulher fatal". Eu somente sorria e sofria. Não era pacífica, ninguém além dele me tratava daquele modo. Numa tarde, fui ao clube de campo e estava andando a cavalo, era boa na equitação, vinha de uma corrida. Ao descer, Frank me abordou:

– Lucy, você é exibida! Correndo deste jeito! Quer chamar a atenção? Se cair, não irei socorrê-la!

Resolvi responder:

– Galopo como quero e não caio. E, se tivesse caído, não necessitaria de você para me socorrer. Não estava me exibindo. Neste horário há poucas pessoas por aqui.

– Ora, ora... Respondendo... Malcriada! Onde está a Lucy sonsa que nem namorado consegue arrumar?

Riu. Não respondi e fui entregar o cavalo. Eu tinha muitos pretendentes, mas os dispensava porque queria namorar

Frank. Fiquei nervosa e resolvi namorar alguém. Estava escolhendo um namorado quando fui à biblioteca e encontrei Tommy. Sentamo-nos perto, e eu estava lendo uma poesia sobre o beijo. Tommy me pediu para ler baixinho, e, sem que eu esperasse, ele me beijou. Assustei-me e saí de perto dele. Depois, o grupo de dança preparou uma festa surpresa para comemorar o aniversário do professor. Nesta festa, Tommy me pediu em namoro e aceitei: fiz isso para mostrar ao Frank que conseguia alguém para namorar, e o candidato era o melhor possível. Tommy era rico, seus pais haviam morrido quando era garoto, havia recebido uma grande herança, era filho único, e um tio solteiro o criava. Este seu parente também era rico. Tommy era um excelente partido, estudado, educado e romântico. O grupo todo aprovou nosso namoro, e as famílias também.

Desfilei com Tommy como troféu e percebi que Frank, por mais que não demonstrasse, estava enciumado. Seria isso que eu queria? Depois de dois meses, estava resolvida a romper o namoro. Aliviada pela decisão, fui à equitação e lá encontrei com Frank, que novamente me ofendeu. Ele estava com alguns amigos e falou alto que eu o perseguia e que já estava cansado de me dizer que não era a moça ideal para ele e que gostava de morenas (eu era loura). Como sempre, não respondi, voltei para casa e fiz comparações. Tommy era tão bonito quanto Frank, porém me tratava muito bem, e o outro me maltratava. Não terminei com Tommy e lhe dei mais atenção, deixando-o feliz. E ele ficou mais ainda, porque nosso grupo ganhou como melhor estudo sobre psicologia.

Numa noite, quando Tommy veio se encontrar comigo, trouxe uma poesia que escrevera para mim.

– Vou completar com mais uma estrofe – disse ele.

Escreveu na minha frente e me deu a folha de caderno. Minhas pernas bambearam, creio que empalideci. A poesia falava de amor, mas não foi por isso, foi pela letra. Era a mesma dos itens da mulher ideal.

À noite, comparei os dois papéis e tive certeza de que fora Tommy quem escrevera. Sem querer, fiz-me ideal para ele e o conquistara. Certamente, o livro que vi Frank ler naquele dia era do Tommy, que o emprestara. Para Tommy, pareci ser uma pessoa que não era. Conquistara-o e me sentia responsável por ele me amar. Resolvi esquecer Frank, que sempre me desprezara e, pior, me ofendia, humilhava. Decidi ficar com Tommy. Não fui mais à equitação, passei a evitar Frank, dediquei-me ao Tommy e ficamos noivos.

Quando via Frank, não o olhava nem o cumprimentava. Já estava noiva, quando, numa festa, Tommy foi buscar refrescos, e Frank aproximou-se de mim e me cumprimentou. Por uns instantes, pensei que fosse me falar algo importante, parecia que seu olhar era terno, porém me enganei, pois ouvi:

– Sua aliança é feia, não se usa mais este modelo. É grossa para mostrar que mesmo tão tola acabou fisgando alguém?

– É mais para mostrar aos mais tolos que tenho dono! – respondi.

Nisso, Tommy chegou e saímos. Concluí com toda a certeza que fizera a escolha certa. Casei-me com Tommy, e ele se casou com alguém que lhe parecia ideal, mas não era.

ఌ

Foi tudo maravilhoso, um casamento perfeito, tudo deu certo. Fui morar onde, por muitos anos, Tommy morara sozinho, numa casa grande, na área central da cidade, a mesma em que os pais dele moraram. Não mexi em nada, somente no nosso quarto. Anne trabalhava com Tommy. Era mais velha que eu uns cinco anos, viúva e com uma filhinha de três anos. Gostamos uma da outra assim que nos vimos. Fiquei grávida, curtimos a chegada do primeiro filho, que nasceu sadio e lindo. Tommy e eu combinávamos muito, e veio o nosso segundo filho.

Quando marcamos nosso casamento, Frank foi residir em outra cidade e não nos vimos mais. Apenas fiquei sabendo que ele havia se casado.

Tommy tinha uma bela fazenda, muito produtiva, perto da cidade. Normalmente ele ia cedo para lá e voltava à tarde. Eu também ia muito com ele, às vezes ficávamos lá a semana toda. Na casa-sede havia muitos objetos que haviam sido de meus sogros, inclusive roupas. Resolvi, numa tarde em que meus dois filhos dormiam, arrumar um armário para ganhar espaço e nele colocar as roupas das crianças.

Percebi que, na parte central, embaixo do armário, tinha um fundo falso. Mexi até conseguir puxar a madeira e, de fato, havia um compartimento escondido. Lá dentro estavam doze cadernos. Peguei-os, folheei-os e percebi que haviam sido escritos pela minha sogra Nancy. Eram textos que falavam de amor citando nomes. Achando que eram os diários dela e poderiam ser comprometedores, por citarem nomes que não eram o do meu sogro, peguei-os, escondi na mala para ler depois e não falei nada para Tommy. Porém, ao lê-los, constatei que eram lindas histórias de amor, romances. Minha sogra fora escritora. Certamente, esse dom fora aproveitado somente por ela, talvez meu sogro não tivesse permitido que publicasse. O fato é que ela havia escrito e escondido, então eu também escondi: peguei um caderno e comecei a reescrever uma das histórias, modernizando-a, aumentando a narrativa. Resolvi aproveitar aqueles originais.

Fiquei grávida novamente e nasceu Thomas. Ele estava com quatro meses quando Tommy quis ter uma conversa séria comigo.

– Perdoe-me, Lucy! Perdoe-me!

Assustei-me, então ele me contou que havia me traído: a moça ficou grávida, teve um menino, a notícia se espalhou, e ele estava me contando antes que alguém o fizesse. Tommy parecia ser um marido perfeito, mas, infelizmente, não era. Fiquei arrasada, gritei e chorei muito. Equilibrei-me por causa dos meus filhos. Mas não o perdoei e decidi me separar.

Herdara de meu pai uma casa, que não ficava longe daquela onde morava, num local muito bom e sossegado.

Mudei-me para lá, comprei móveis, utensílios domésticos e ficamos, meus filhos e eu, bem acomodados. Deixei Tommy inconformado. Os familiares tentaram me fazer mudar de opinião, porém nada adiantou: separei-me. Escutei muitos falatórios, não dei importância. Acabei de reformular a história do caderno, transformando-a em livro, assinei com um pseudônimo e a mandei para uma editora de outro país. Os editores gostaram e decidiram publicá-la. Queriam que eu fosse até lá para assinar contrato e fazer o lançamento do livro. Quis muito ir. Tommy vinha todos os dias ver os filhos, e eu evitava vê-lo, mas, neste dia, esperei-o.

– Tommy, você, às vezes, me via escrevendo. Fiz um romance, mandei-o para a editora... – muito conhecida na época – Eles gostaram e vão editar. O livro está pronto, porém eles querem que eu vá até lá para o lançamento e para assinar o contrato. Queria muito ir, mas tem as crianças...

Tommy elogiou-me, ficou contente por mim e se ofereceu:

– Vá, Lucy! Fico com os meninos! Venho para cá e cuido deles. Viaje tranquila!

Fui. E assim me tornei uma escritora sem ter sido. Lá conheci uma pessoa, um homem elegante e envolvente. Não escondeu que era casado e que estava a fim de uma aventura. Ele morava em outro país, estava naquela cidade a negócios, e nos envolvemos. Foi mais por desforra, porque me sentia rejeitada. E também porque estava separada e não estaria traindo. Tudo deu certo nos eventos literários, recebi uma boa remuneração e fiquei mais dias do que o previsto. Separamo-nos, e meu amante voltou para seu país, seu lar, e eu ao meu.

    Mas, na viagem de volta, percebi que estava grávida. Estremeci. O que iria fazer? Eu, a mulher honesta, de família tradicional, mãe de outros três filhos, grávida de um envolvimento passageiro, sem importância. Cheguei em casa sem ter achado a solução, mas, assim que vi Tommy, encontrei-a. Estava saudosa de meus filhos, encontrei-os muito bem. Tommy sempre fora bom pai, e, desde que nos separamos, ele não saía de casa, a não ser para ir à fazenda. Tommy me olhava com amor. Ficamos conversando e agradando as crianças. Convidei-o para jantar, abri uma garrafa de vinho. Foi muito agradável ter a família reunida, colocamos as crianças para dormir, beijamo-nos, e ele ficou. Reatamos. Eu não queria sair de minha casa, aquela em que eu morava era mais moderna, e o local, sossegado. Tommy concordou, e Anne veio com ele. Desfizemo-nos dos móveis da casa dele: uns vieram para a nossa, outros foram para a fazenda. A casa foi alugada. Tommy alegrou-se com minha gravidez.

    Quando completei seis meses de gravidez, Tommy chegou em casa e, pelo seu modo, entendi que queria falar comigo. Sabia que ele, às vezes, ia ver seu outro filho e lhe dava mesada. Achava certo, desde que não se envolvesse mais com a moça.

    – Lucy – disse Tommy –, aconteceu um acidente: a mãe de Percy – o filho dele – morreu. Neste acidente, morreram ela, a irmã e o cunhado. Foram passar o feriado numa cidade de veraneio, sofreram um acidente e morreram todos. Ficaram órfãos Percy e Betty, sua priminha. As duas crianças estão com a avó, uma senhora idosa que me avisou que não quer ficar com meu filho.

Levantei-me e andei. Nisto, os nenéns se mexeram em meu ventre: o médico havia ouvido as batidas de dois corações e sabíamos que seriam gêmeos.

"Estes dois filhos que estão na minha barriga são apenas meus, mas serão também dele. Por que o de Tommy não pode ser meu?", pensei e falei:

— Tommy, quando o perdoei, eu o fiz de fato. Percy não tem culpa de nada, é uma criança inocente e é seu filho. Sou capaz de amá-lo. Vamos buscá-lo! Será também meu filho!

Meu esposo chorou, beijou-me, agradecendo, e fomos buscá-lo. A avó morava num bairro simples, a casa era modesta. Ela nos recebeu chorosa, queixou-se de que estava velha, doente, sentia que ia enlouquecer com as duas perdas e não queria ficar com as crianças. A menina Betty não tinha mais ninguém, porque o pai era imigrante de um país distante. Se tinha parentes, ela não sabia. A senhora buscou Percy, que, ao ver o pai, abraçou-o contente.

— Filho, você ficará comigo, morará conosco!

— Aqui estão as roupas dele – disse a senhora. – Desculpe-me se algumas estão sujas, não tive vontade de lavá-las, não tenho vontade de fazer nada.

A menina, ao ver que Percy ia embora, começou a chorar, um choro tão sentido que nos comoveu. Olhei para Tommy e falei baixinho:
— Vamos levá-la!
Ele suspirou aliviado. Bondoso, queria levá-la, mas achou demais me pedir para acolher a garota.
— Podemos levar a menina? — perguntei à senhora. — Cuidaremos dela como se fosse nossa filha.
— Podem levá-la! Com a morte de minhas filhas, fiquei somente com meu filho, que mora em outra cidade. Não tenho como cuidar dela.

Abracei as duas crianças e as levamos para casa. Os dois eram da idade do meu terceiro filho, poucos meses de diferença. Nós os agradamos, e os cinco se enturmaram. Aumentamos a casa. Os gêmeos nasceram: era um casal. A menina recebeu o nome da mãe de Tommy: Nancy. Meu marido fora gêmeo, o irmãozinho dele morrera no parto, minha sogra passou muito mal e não pôde ter mais filhos. Nancy era muito parecida com minha sogra, todos que a conheceram afirmavam e foi comprovado pelas fotos. Não entendia, tinha certeza que voltara grávida da viagem.

Nossa casa era movimentada, havia sete crianças. Anne me auxiliava muito. Mesmo com outras empregadas, tinha muito trabalho.

Numa tarde, fomos à praça, a uma festa, e avistei Frank: fazia muitos anos que não nos víamos. Cumprimentamo-nos com um simples "boa-tarde", e senti, no seu olhar, reprovação. Estávamos, Tommy e eu, com nossos sete filhos. Ignorei-o, minha atenção era para as crianças num local movimentado.

Peguei outro caderno de minha sogra para escrever outro romance, mas, por ter pouco tempo, ia devagar. Fiquei grávida novamente. Tommy e eu resolvemos ter nove filhos: ele queria dez, e eu, que fosse um número ímpar. Tive o oitavo, um menino, e o nono também, um garotão. Acabei o segundo livro. Desconfiei que Tommy continuava me traindo, mas não procurei saber se era ou não verdade. Se soubesse, o que iria fazer? Como cuidar de tantos filhos? Esquecia-me que Percy e Betty não eram meus biologicamente, amava a todos igualmente, e as crianças, em nosso lar, eram felizes, estudavam em boas escolas, tinham tudo de que necessitavam, recebiam atenção, muito carinho, eram amadas. Com o livro pronto, mandei-o para a mesma editora, que gostou e ia editá-lo. Teria de ir para lá. Estava resolvendo se ia ou não, quando fui à fazenda com as crianças e escutei a conversa de duas mocinhas, que não me viram: falavam de Tommy, e uma delas era amante dele. Meu marido levara uma amante para morar na fazenda. Chorei sentida, sofri e desta vez não fiz nada, calei-me. Era boa para guardar segredos. Fui viajar. Deu tudo certo, o lançamento foi um sucesso, houve muitas festas e eventos. Lá, conheci um moço e saí com ele. Retribuí a traição. "Fez comigo, merece receber o troco", pensei.

Quando voltei, as crianças fizeram festa. Tommy novamente cuidou deles muito bem. Não conseguia entendê-lo.

Com certeza, ele me amava, e muito mais aos filhos, mesmo assim me traía. Engravidara do amante que nem sabia ao certo quem era. Dessa vez, planejei contar tudo ao Tommy, porém ele ficou tão contente com a minha gravidez, que adiei. Soube que as moças haviam se mudado da fazenda, meu marido as dispensou.

— Lucy, eu não disse que íamos ter dez filhos?! — exclamou ele quando lhe falei da gravidez.

Resolvi não falar, guardar mais este segredo. Desta vez, optei por uma cirurgia que me esterilizasse, para não ter mais filhos.

Fui para o hospital, estava sendo preparada para ir à sala de cirurgia quando chegou uma mulher para ter seu terceiro filho, passava muito mal. Deixaram-me no quarto e foram socorrê-la. Com o caso da mulher resolvido, levaram-me para a sala de cirurgia e tive uma menina, a Rose. Pelo movimento no corredor, fiquei sabendo que a mulher morrera, não havia resistido às complicações do parto, não fizera o pré-natal e desencarnou. Levantei-me com dificuldades e fui vê-la, ela ainda estava no quarto ao lado do meu. O casal era estrangeiro e encontrei o homem sozinho, chorando baixinho. Conversei com ele e o consolei.

— Não sei o que faço! Somos pobres, tenho dois filhos ainda pequenos e nenhum parente neste país. Quero voltar para minha pátria. Como levá-los? Como levar um neném?

— O senhor me dá o neném? Quero adotá-lo! Tenho condições financeiras para fazê-lo. Tive uma filha. Levo gêmeos para casa — disse, comovida.

— Como é triste! Que sofrimento, meu Deus! O que farei sem minha mulher e com três filhos pequenos? Não tenho condições de criá-los! – lamentou o homem.

— Volte o senhor para seu país e me dê seus filhos – pedi.

— Não! Os três não! Mas lhe deixo o neném. É um menino! Dou à senhora. Que Deus a proteja! Se a senhora ficar com ele, vou providenciar o enterro de minha esposa, cuidar dos outros dois que ficaram sozinhos e partirei, voltarei para a cidade em que nasci, lá encontrarei minha mãe, que poderá ficar com os dois para que eu possa trabalhar.

Quando Tommy veio me ver, contei a ele.

— Você queria a contagem de filhos ímpar! Vamos para casa com gêmeos! Frederico e Rosemary, ou Fred e Rose.

Assim, tivemos os onze filhos. Parei de escrever por um período. Alguns meses depois, conversei com Tommy sobre suas aventuras, ele prometeu não me trair mais e passei a lhe dar mais atenção. Sentia que meu esposo me amava e não conseguia entender o porquê de me trair e por que eu o havia traído. Escutamos muitos comentários de que Fred era outro filho de Tommy. Chateamo-nos, fiquei em dúvida, porém conversara com o pai da criança, e eles estavam na cidade havia pouco tempo. Tommy deu dinheiro para ele voltar ao seu país, eu comprei roupas para a família dele – o inverno estava rigoroso, assim os três partiram e não soubemos mais deles. Dois meses depois que Rose tinha nascido, o tio de Tommy morreu, e ele foi seu herdeiro. Herdou uma fazenda e três casas.

Meus filhos eram sadios, tiveram somente doenças comuns na infância, eram inteligentes, peraltas, mas conseguimos educá-los, eram obedientes. Passamos por um período tranquilo.

※

Meus caçulas estavam com três anos quando Tommy adoeceu. Ficou somente três meses e dezesseis dias doente e desencarnou. Foi um período muito complicado para mim. Com sua doença, gastamos nossas economias. Viúva, tive de cuidar das fazendas e das finanças, o que sempre tinha sido feito pelo meu marido. Ainda bem que cada uma das fazendas tinha um bom administrador. Minha despesa era alta e, pela primeira vez, enfrentei problemas financeiros. Peguei mais um caderno e o transformei em outro livro. Mandei-o para a editora, que aceitou publicá-lo. Teria que viajar novamente, mas dessa vez não teria Tommy para ficar com as crianças. Sentia muito sua falta, fazia um ano e três meses que estava viúva. Organizei-me para viajar, Anne ficou com meus filhos, mas, nessa época, os cinco mais velhos eram adolescentes e muito responsáveis.

Viajei preocupada: lá, eu tive de participar de eventos, festas, e após um jantar em que ficamos, os editores e eu, conversando detalhes sobre o próximo livro, que prometi escrever logo, escutei me chamarem, virei e me surpreendi.

– Boa noite, Lucy!

Era Frank. Apresentei-o aos editores. Ele me convidou para dançar.

– Desculpe-me, Frank, estamos acabando de decidir as últimas questões sobre o livro.

– Se não se importar, vou esperá-la no bar. É muita coincidência nos encontrarmos neste país. Posso esperá-la?

Resultado: fui encontrá-lo, dançamos e conversamos muito. Frank tinha se separado e estava ali a negócios quando viu minha foto, leu no jornal a notícia do lançamento do meu livro e viera me ver. Nesta época, meus familiares e alguns amigos sabiam que eu escrevia livros. Estava previsto que ficaria mais quatro dias naquela cidade. Fui aos meus compromissos e, nos horários livres, encontrávamo-nos, saíamos e passeávamos. Frank me disse que ia voltar a residir na cidade onde morava e queria continuar a se encontrar comigo.

Não viajamos juntos. De fato, ele se mudou e passamos a nos encontrar. Frank dormia muito em minha casa. As crianças sentiam ciúmes, e ele, em vez de agradá-las, impôs-se e começou a me ofender. Novamente, não respondia. Não entendia minha atitude, o porquê de receber ofensas dele e ficar calada. Eu tratava todos bem: meus empregados, incluindo os das fazendas, respeitavam-me, gostavam de mim, não brigava com ninguém. Penso que recebia as reações, era tratada como tratava a todos. No começo, ele me ofendia quando estávamos a sós, criticava-me por eu ter tido tantos filhos, por ter ficado com ele logo após nosso reencontro, por ter aceitado as traições de Tommy.

Depois, passou a me ofender na frente de empregados e filhos. Numa reunião familiar, Frank me criticou alto para todos ouvirem. Meu irmão me convidou para ir à outra sala e falou comigo:

— Lucy, é isto que você quer? Você tem certeza de que quer ficar com este homem? Tommy a tratava tão bem! Não respondi a Frank quando ele a ofendeu, mas senti vontade, porém pensei que não deveria me intrometer.

Tentei, em casa, conversar com ele. Ficou pior: para ele, eu era culpada, e vieram novos desaforos.

Não estava bem para escrever, e as finanças estavam cada vez pior. Por ter recebido uma boa oferta e para pagar minhas dívidas, vendi a casa que fora dos pais de Tommy. Frank não me ajudava em nada, ele não era rico e sustentava seus dois filhos. Nesta época, seus filhos vieram passar uma temporada com ele, e sua filha Ellen começou a namorar com meu terceiro rebento, Thomas. Os dois eram adolescentes e se apaixonaram. Amei muito meus filhos, mas, pelo terceiro, tinha muita amizade, nós dois sempre fomos amigos de verdade.

Estava inquieta, sem saber o que fazer. Meu filho mais velho terminou os estudos complementares, ou seja, o ensino médio, parou de estudar e passou a ir à fazenda, mas não era isso que eu queria. Sentia que não estava dando atenção aos meus filhos.

Numa noite, Frank e eu saímos, fomos jantar num restaurante. Duas moças, muito bonitas, sentaram-se numa mesa ao lado da nossa. Frank conversou com elas e, no meio da conversa, disse com naturalidade:

– Vocês duas são lindas! Bem diferentes da mulher que eu tenho!

Ia levar o garfo à boca, parei. As garotas se olharam, não sabiam se riam, ficaram encabuladas. Eu sorri e não consegui responder. Ele, como se não tivesse ocorrido nada, continuou a conversar. Esforcei-me e tentei parecer natural, como sempre. Porém, ao chegar em casa, falei:

– Frank, vou entrar sozinha. Vá para sua casa!

Bati a porta do carro e entrei rápido. Pensei muito e concluí que Frank somente me fazia mal. Não estava bem financeiramente, deixei de reescrever, não dava a atenção devida aos meus filhos. Por que aceitava suas ofensas? Não merecia ser ofendida. Decidi acabar com esse relacionamento.

No outro dia, telefonei para ele terminando nosso envolvimento amoroso. Ele aceitou e ainda afirmou que, como sempre, eu iria procurá-lo.

Troquei as chaves da casa para que Frank não pudesse entrar mais, pedi a Thomas para levar alguns objetos dele que estavam comigo e trazer os meus que estavam na casa dele. Meus filhos ficaram aliviados: voltei a ser atenciosa, resolvi que os três mais velhos iriam estudar em outra cidade, cursar uma universidade. Aluguei um apartamento para eles e voltei a escrever. Ocupei tanto meu tempo que não dava para me lembrar de Frank. Tínhamos permanecido juntos um ano e dois meses.

Com o livro pronto, viajei para o lançamento e, num evento, conheci Henry, um homem muito educado, agradável, mais velho que eu vinte e dois anos. Eu era bonita, magra, alta, elegante, ninguém que não me conhecesse diria que tinha onze filhos. Para esta viagem, não pude comprar roupas. Anne e eu reformamos algumas que eu tinha. Aceitei os convites de Henry para sair. Quando ele me convidou para ir a um lugar muito caro, onde as pessoas iam a rigor, falei que não tinha roupa adequada e recebi de presente lindos vestidos. Henry me contou sua vida: era rico, seus filhos eram casados, tinha um casal, ficara viúvo há cinco anos. Também contei parte da minha, omiti a quantidade de filhos. Henry enviou meus livros já editados para editoras de outros países, algo em que não havia pensado. Tive de voltar e prometemos nos reencontrar.

Surpreendi-me quando, quinze dias depois, Henry me telegrafou dizendo que queria se encontrar comigo. Convidou-me para ir à sua casa – morava na capital do país – e me deu a notícia de que conseguiria editar meus livros em outros países. Havia resolvido meu problema financeiro. Sabia que isso poderia ser temporário, porém me tranquilizei.

Foi maravilhoso nosso reencontro: Henry era tranquilo; nossas conversas, agradáveis. Convidou-me e a minha família para irmos à sua casa de veraneio, aproveitando as férias escolares. Ele levaria seus filhos.

– Henry – disse –, há algo que não lhe contei. A quantidade de filhos que tenho. São onze!

— Que beleza! Família grande! É tão difícil ver uma família assim. Terei de buscá-los com um micro-ônibus.

Fiquei muito contente com sua resposta. Contei a ele que dois eram adotivos e um era somente do meu falecido marido. Aceitei o convite.

Thomas terminara o namoro com Ellen, a filha de Frank, porque o pai dela me ofendera. Os dois discutiram, ela ficou do lado do pai, então romperam.

Fomos para a casa de praia de Henry, e meus filhos gostaram muito do passeio. Fazia tempo que não saíamos para passear, viajar juntos. Foram férias agradáveis. Henry e eu firmamos nosso compromisso, não casamos, porém ele veio morar comigo, ou melhor, conosco, e resolveu nossos problemas. Ajudou-me a comprar um apartamento grande para meus filhos. Estudariam na capital do país, para onde foram os cinco mais velhos. Ele orientou-os nos estudos, cuidava das fazendas para mim e do meu dinheiro. Com a grande ajuda dele, dava e sobrava para as despesas. Reformou minha casa e viajávamos sempre, passávamos as férias de verão na casa de praia dele. Para haver um lugar confortável para todos, construiu quatro chalés em volta da casa. Henry foi um segundo pai para meus filhos, que o respeitavam e confiavam nele. Nós dois fomos felizes, nunca discutimos, e ele me tratava muito bem. Passei a escrever, ou reescrever, as histórias dos cadernos. Aquelas que faltavam, copiei, e queimei todos os cadernos da minha sogra Nancy, guardando as cópias no cofre. Os livros me renderam um bom dinheiro. Com eles, comprei um apartamento pequeno para cada filho. Henry sempre me elogiou por ser uma boa mãe, nunca me ofendeu e eu o amei muito.

    Embora com muitos problemas comuns em uma família, ainda mais uma família grande, nunca tive dificuldades maiores com nenhum dos meus filhos. Meu segundo e Thomas, o terceiro, formaram-se em agronomia, e cada um foi cuidar de uma fazenda. Os outros foram se formando, todos os onze fizeram cursos superiores e foram trabalhar na profissão escolhida. Henry me ajudou a resolver a partilha dos bens deixados por Tommy. As fazendas ficaram uma para cada um dos que trabalhavam nelas; os dois pagariam, por alguns anos, uma determinada quantia aos irmãos. Eu comprei, com o dinheiro dos livros, imóveis para os outros, e dividi o que possuía com eles. Todos ficaram satisfeitos, reconheceram que Henry agira com justiça. Meus gêmeos eram muito inteligentes e discretos, diferentes dos irmãos. Ela se formou em medicina; ele, em física. Foram residir na mesma cidade, distante daquela onde morávamos. Casaram-se e vinham pouco me visitar.

    Meus filhos foram se casando. Thomas também se casou, tinha uma filhinha, e sua esposa adoeceu, teve câncer. Passamos, Henry e eu, a ajudá-los. Meus caçulas se apaixonaram, e o problema antigo surgiu. Eram ou não irmãos? Afirmei que não: sabia que, mesmo se Fred fosse filho de Tommy, Rose não era dele. Mas os falatórios incomodavam. Henry resolveu a questão: fomos com os dois a laboratórios na capital, para fazer exames. O resultado foi enviado pelo correio. Reuni a família, abri os envelopes. Os dois exames afirmavam que os eles não tinham a possibilidade de serem irmãos. Fiz cópia e dei a eles.

— Mostrem isto quando escutarem esses comentários desagradáveis. Todos vocês são irmãos porque foram criados assim, e eu sou a mãe de todos. Porém, se vocês se gostam, estão namorando, e esse namoro pode levá-los ao casamento, é lícito, porque biologicamente não são irmãos.

Os dois se amavam, desde pequenos eram unidos. Parecia, eu pensava naquela época, que os dois haviam nascido no mesmo dia e local para ficarem juntos. Casaram e foram felizes.

Neste período em que Henry e eu ficamos juntos, raramente vi Frank, que tentou, assim que comecei a ficar com Henry, ofender-me. Ignorei-o. Ele se mudou, foi residir novamente na cidade onde havia morado antes, mas não se desfez do seu apartamento.

Henry ficou doente, cuidei dele com muito amor e carinho. Ele desencarnou vinte dias antes da esposa de Thomas. Foi para mim uma grande perda. Em testamento, ele me deixou alguns imóveis e a casa de veraneio. Anne, a grande amiga, a empregada de tanto tempo, também partiu para o Além. Voltei a reescrever, tinha somente dois cadernos.

Thomas reencontrou com Ellen, que havia se casado, tivera um filho e se separara do marido. Voltaram a namorar, e os dois afirmavam que sempre se amaram. Por isso, voltei a ver Frank. Íamos passar um feriado na casa da praia, e Thomas me perguntou se podia convidar Frank. Disse que sim. Fomos. Num chalé ficaram Thomas, Ellen e os filhos e Frank. Eu tinha muito que fazer, o movimento era grande. Nos dois primeiros dias, Frank foi atencioso, para logo depois voltar a me ofender, mas não lhe dei atenção. Mas Nancy até que me surpreendeu: defendeu-me e houve uma calorosa discussão. Frank resolveu ir embora, e Ellen também foi. Conversei com Thomas.

– Filho, pense bem, se você ama Ellen, se sempre a amou, não deixe Frank atrapalhar. Converse com ela sobre isso. Vocês se separaram uma vez por desavenças entre mim e o Frank, isto não deve ocorrer de novo.

Frank tentou se desculpar quando retornei, pelo telefone.

– Lucy, não queria ter provocado aquela discussão, desculpe-me, é que você...

– Chega Frank – interrompi-o –, não vou aceitar receber ofensas de você. Não mesmo! Deixe nossos filhos serem felizes, não interfira. Se a união se concretizar entre nossos filhos, podemos nos ver socialmente. Não precisamos nem conversar. Por que você não se trata? Procure um psiquiatra!

Desliguei o telefone.

Oito meses se passaram: Thomas e Ellen se casaram. Eu ficava muito com minha neta, filha de Thomas, e pedi para continuar cuidando dela. Vi Frank no casamento, somente nos cumprimentamos, então houve o telefonema e nossa conversa sobre reencarnação.

Fiquei pensativa por uns dias, resolvi ir à capital do país e visitar dois dos meus filhos, mas o motivo foi procurar livros sobre reencarnação. Encontrei alguns de ioga e mestres orientais, comprei-os, mas fui também a um sebo e achei cinco livros do escritor francês, as Obras Básicas de Allan Kardec.

Quando retornei à minha casa, li-os e me encantei com a Doutrina Espírita. Nunca fora muito religiosa, nem Tommy ou Henry. Não gostava de acreditar em nada sem compreender, e conhecer a Lei da Reencarnação foi, para mim, acreditar em Deus, ter a certeza de Sua existência. Com estas leituras, percebi que tínhamos, meus dois maridos e eu, sido espíritas sem sabermos. Não que fôssemos perfeitos, tínhamos vícios, mas também muitas qualidades, fomos caridosos. Nunca fiz diferença entre meus filhos (os adotivos me amavam, creio que mais que os biológicos), sempre fiz caridades, ajudei como voluntária a asilos, hospitais e orfanatos e não magoei ninguém. Somente houve as traições, o desconto, pensara erroneamente que deveria dar o troco, o retorno.

Conversei sobre reencarnação com Frank, e ele me convidou para participar de um grupo de estudo sobre o assunto. Fui e gostei muito. Comprei dez coleções de livros de Allan Kardec e outros sobre reencarnação e dei aos meus filhos. O casal de caçulas ganhou um. Comentávamos sobre o assunto: uns aceitaram; outros, nem tanto. Frank e eu saíamos para jantar, fazíamos alguns passeios. Reescrevi o último caderno, dividi o dinheiro com os filhos. Frank me pediu várias vezes para morarmos juntos e em casamento, mas não aceitei. Se nós tínhamos diferenças no passado, estava sendo muito bom nos reconciliarmos totalmente, mas amava Henry, quis ser somente amiga de Frank.

Tentei fazer um livro sem ter o enredo dos cadernos, foi editado, mas não teve aceitação como os outros, então desisti de escrever. Os livros que escrevi eram mais novelas românticas, obras que foram logo esquecidas, sem muito teor literário.

Às vezes, Frank ia falar algo e parava. Brincava com ele:
– Com vontade de me ofender?
– Não quero mais fazer isso. Você não merece ofensas. Desculpe-me.
– É louvável sua tentativa. Desculpo-o.

Frank desencarnou, e seu corpo físico foi encontrado morto pela manhã, no seu apartamento. Orei muito por ele. Continuei morando na mesma casa, que era enorme, com vários quartos. Quatro dos meus filhos moravam na cidade; os dois que viviam nas fazendas vinham sempre me ver, e os outros vinham passar fins de semana, feriados e algumas férias. A casa estava sempre movimentada. Fiquei seis meses muito doente e desencarnei tranquila, aos setenta e dois anos.

Não tive surpresas. Abençoadas leituras espiritualistas, bendito Allan Kardec por seus ensinos. Percebi que mudara de plano, pensei que um dos três companheiros viria me ajudar, mas quem me orientou, me fez companhia, foi uma moça muito bonita: era a mãe de Fred, meu caçula adotivo. Cuidou de mim com muito carinho. Quando lhe agradeci, ela me falou:

— É pouco diante de todo o carinho que dedicou ao meu filho!

Adaptei-me facilmente ao plano espiritual, embora sentisse falta da minha casa, de minha rotina, de meus objetos, e muita mesmo de meus filhos, netos e duas bisnetas.

Encontrei-me com Tommy, Henry e Frank. Conversamos animados, relembrando acontecimentos agradáveis. O pai dos meus filhos era grato ao Henry pela ajuda que nos dera, foi ele quem o auxiliara quando este desencarnou.

Conversei com meu primeiro marido a sós. Ele me pediu perdão e eu a ele:

— *Você só descontou Lucy, e estávamos separados.*

— *Rose não é sua filha!* — confessei.

— *Sei. Mas filhos são aqueles que criamos e de quem participamos da vida.*

— *Soube aqui no Além?* — quis saber.

— *Não, soube encarnado. Quando você esperava nosso nono filho, esterilizei-me. Não fiz isto por nós, fiz por mim, não queria mais filhos com amantes. Quando você me disse estar grávida, fiquei em dúvida se a cirurgia dera ou não certo. Mas a compreendi, você sabia de minhas aventuras. Um empregado me contou que você conversara com aquelas jovens que eu levara para a fazenda. Sabia de minhas traições e perdoava, por que* não podia perdoá-la? Você não criava Percy? Não procurei ter certeza e amei Rose como se fosse minha.

– Por que me traía, Tommy?

– Não sei, amava você, nossos filhos, orgulhava-me de nossa família e acabava traindo você – respondeu Tommy com sinceridade.

Termos perdoado um ao outro foi muito importante, embora isso já tivesse ocorrido antes. Não guardamos mágoas. Tommy estava se preparando para reencarnar, seria neto de Percy. Queria retornar ao plano físico com propósito de melhorar.

Frank e eu fomos relembrar nosso passado. Nossa história foi bem parecida com aquela que ele recordara pela regressão, que fizera quando encarnado, com um psiquiatra.

Fui uma senhora rica, Frank era meu empregado. Nossa relação fora tumultuada, conquistei-o para humilhá-lo. Eu o fiz sofrer, e, como sempre acontece, quem faz sofrer sofre também. Tive dois filhos homens e abortei três vezes não queria mais filhos. Desencarnamos, sofremos, e eu lhe pedi perdão, mas Frank não conseguiu me perdoar totalmente. Quando nos reencontramos no plano físico, quis me fazer sofrer e padeceu mais do que eu. Recordarmos também das nossas existências anteriores, a antepenúltima, nesta fora Frank quem maltratara.

– Se tivesse o perdoado – lamentou ele –, teria evitado para mim muito sofrimento, teria sido feliz. Quem não perdoa sofre muito.

— Se tivesse me perdoado, teríamos ficado juntos na juventude, com certeza teríamos ficado casados por muitos anos. Mas o "se" não deve agora nos entristecer. Você, rejeitando-me, mudou nosso destino. Fiz muitas coisas, e você, outras. Pense, meu amigo, que o perdão não é necessário onde o amor existe. Seu rancor foi maior que o amor, então você não me ama como pensa. Recomece sua vida esquecendo este suposto amor e com o propósito de perdoar sempre.

— Critiquei-a muito — lamentou ele. — Para criticar, é preciso ver tudo e não uma pequena parte. E este "tudo" inclui as outras vivências. Fui eu quem começou com nossas desavenças.

— Cada erro que cometemos nos traz uma lição. Devemos ser prudentes e assimilar a lição para passar na prova. Se abortei no passado, nesta existência consegui ser boa mãe. Como Lucy, poderia ter abortado, conhecia um médico que fazia abortos e nem era caro. Ainda bem que não o fiz. Foi muito bom ter os onze filhos!

Concluí que meu maior vício era a desforra, fiz um forte propósito de prestar atenção nessa falha em minha personalidade.

Mas era com Henry que queria estar, amava-o. Sentimentos são atributos do espírito, e ele me amava tanto quanto eu. E fora esta a primeira vez que nos encontramos, não recordamos de outras existências juntos.

Thomas tinha sido meu pai na minha encarnação anterior, por isso fomos muito amigos. Os pais de Tommy se tornaram nossos filhos, que agora se chamam Rose e Fred.

O pai dele confiou em nós para adotá-lo. Tommy se alegrou muito por ter recebido seu pai como filho.

– *Ainda bem que o adotei!* – exclamou ele. – *Iria sofrer muito se não o tivesse aceitado.*

Recebi um bilhete de minha sogra Nancy. Ela escrevera antes de reencarnar como minha filha Rose. Deveria ser entregue quando eu retornasse ao plano espiritual. Ela escreveu que se alegrara por eu ter feito de seus escritos livros que entreteriam e que, sem dúvida, me ajudariam financeiramente na viuvez. Fiquei mais tranquila, afinal, apossei-me de ideias alheias. A mãe do meu primeiro marido sabia que ele iria desencarnar logo que ela reencarnasse.

Tommy reencarnou. Encontrava-me sempre com Frank. Continuamos amigos, embora ele me amasse. Henry e eu passamos a estudar e trabalhar juntos na espiritualidade.

Vou, sempre que posso, ver meus filhos. Tento continuar orientando cada um e, nas situações mais difíceis, peço-lhes para ler os livros de Kardec. E a vida de fato continua.

Conheci Antônio Carlos quando viemos, Henry e eu, visitar uma colônia no Brasil que se dedica a orientar quem quer ter mais informações sobre a literatura espiritualista e espírita. Conversamos, e ele me fez algumas perguntas:

– *Lucy, o que é importante para você?*

– *A compreensão da reencarnação* – respondi. – *Porque, sem esse entendimento, fica muito difícil acreditar em Deus com todos seus atributos. Entender o porquê de nascermos muitas vezes em corpos diferentes é compreender a vida.*

— Alguma gratidão? — perguntou Antônio Carlos.

— A Deus somente, por nos ter criado com muitas oportunidades de crescermos espiritualmente, de aprendermos amar a todos.

— Você foi feliz encarnada? É feliz aqui no plano espiritual? — quis saber Antônio Carlos.

— Sim, fui feliz no plano físico, mesmo com algumas dificuldades. E sou feliz aqui no Além, isso porque pensei sempre em fazer a felicidade dos outros. Sou alegre, o mundo já tem bastante tristeza!

Esse encontro foi muito agradável e aceitei seu convite para ditar à médium que trabalha com ele minha história e como senti os reflexos de outras reencarnações, principalmente da última, na minha vida.

Para terminar este relato, completo: queremos, Henry e eu, ficarmos desta vez muitos anos na erraticidade e depois nos prepararmos bem para iniciar uma nova vivência no plano físico.

Que Deus seja sempre louvado e mais ainda por nos ter dado a oportunidade de voltarmos ao corpo físico para provarmos que aprendemos as lições que tivemos no Além.

Da irmã grata:

Mary Lucy.

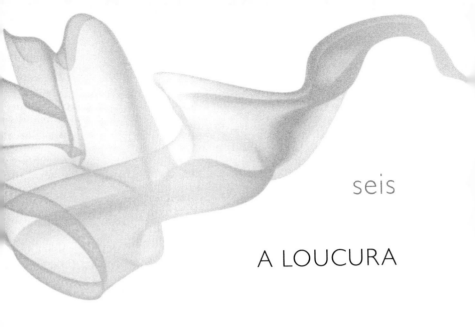

seis

A LOUCURA

Eu, Wellinton, estou ditando à médium ajudado pelo senhor Antônio Carlos, o médico que me convidou a contar minha história de vida. Não sabia, ou não sei, escrever, não fui à escola. E na minha penúltima encarnação estudei muito pouco. Lembro-me muito bem dessa existência. Mas ainda não consigo ler nada. Vou, logo após o término do meu tratamento, frequentar a escola na colônia para aprender a ler e escrever. Desejo muito me instruir. Na minha última passagem pelo plano físico, desencarnei com trinta e oito anos. Que vida difícil! Complicada!

Dificilmente alguém se lembrava de meu nome. Quando isso ocorria, era porque fora chamado para uma consulta ou para algum registro em hospitais. Meus familiares me chamavam, quando pequeno, de Tom. Depois, eles, os vizinhos e quem mais me conhecia, chamavam-me pelo apelido: Disco.

Tive uma existência sofrida, que somente pode ser compreendida pela Lei da Reencarnação.

Quando pequeno, fui considerado deficiente mental. Com três anos, era totalmente diferente dos meus outros quatro irmãos. Falava muito, daí o apelido de Disco. Era confuso e assustava a família, principalmente minha mãe.

— Tom, você quer laranja? – perguntava minha mãe.

— Quero! Precisa descascar, sua burra! Claro, não vou chupar com casca. Porco come com casca. Não sou porco e gosto de laranja. Eu gosto e quero. Eu não quero!

— Tom você quer ou não a laranja? – insistia mamãe.

— Ele quer! Não quero! Quero! – falava.

Isso passou a acontecer sempre. Eu falava sem parar e, às vezes, referia-me a mim mesmo como Nório. Respondia:

— Nório quer. Ele não quer. Vá tomar banho, está sujo. Nório não está sujo. Não é Honório, sua burra, é Tom. É Disco que fala sem parar. Chega! Não aguento mais. Cale-se. Você não fale assim comigo. Falo. Cale a boca.

Dava um tapa no meu rosto, na face esquerda. Depois outro, na direita. Chorava e reclamava.

— Pare com isso! Já parei. Ia bater nela e não em você. Você é um estúpido!

Éramos pobres, mas meus pais me levaram ao médico, que me examinou, constatou que estava anêmico e receitou várias vitaminas. E concluiu que era deficiente mental, tinha um retardamento.

Minha mãe percebeu que eu conversava com outras pessoas que ninguém via. Ela pensava que eu as inventava. Um dia mamãe tentou conversar comigo, eu estava com seis anos.

– Tom, diga-me, você está vendo alguém além de você e eu nesta sala?

– Vejo a senhora, que é como eu, e os outros, diferentes. Eles estão ali no canto, são uma mulher e um homem. Tenho nome, ouviu? Não gosto que se refira a mim como "mulher". Sou importante! E eu sou muito mais que um homem. Parem! Deixem-me conversar com minha mãe. Grande coisa, quer ser mais importante por ter mãe? Fique quieta, mulher. Deixe Nório conversar com a mãe. Mamãe, eu os vejo e conversamos.

Ao escutar isso, mamãe ficava apavorada. Dificilmente ficava quieto ou brincava e, quando brincava, era sozinho. Normalmente ficava sentado num canto, falando sem parar. Não conversava com outras pessoas, porque, se respondia algo, logo me confundia e falava como se fosse três pessoas.

Não conseguia ir à escola. Mamãe até tentou por três vezes me levar, com sete, oito e nove anos. Na última, uma professora marcou uma consulta com um médico especialista em doenças mentais. O médico conversou muito comigo. Fui diagnosticado como tendo duas doenças e, novamente, anemia. Tomava os remédios com facilidade, menos o da noite. Quando mamãe ia me dar, era uma dificuldade, falava sem parar.

— Tome! Não tome! Você fica aí largado. Durmo também. Isso é bom porque fica quieta. Cale a boca, se não você apanha. Quero ver se me bate.

Então vinham os tapas. Normalmente eu me batia na face, nas costas, nas pernas, nos braços e até na barriga.

— Pare, Tom! Beba isto já! — ordenava mamãe.

Tomava o remédio. Dormia e deixava todos em casa dormirem.

Minha infância e juventude foram assim. Às vezes ficava sem tomar banho. Estava sempre doente fisicamente: tinha gripes fortes, queixava-me muito de dores, sentia fraqueza e machucava-me muito por causa de tombos e de tapas que eu mesmo me dava. Meus pais nunca me bateram. E, todas as vezes que ia aos médicos, estava anêmico.

Perguntava sempre à minha mãe:

— Por que não moro mais naquela casa perto do rio? Cadê meu bar? Tomaram-no de mim? Não bebo mais aguardente? Onde estão minhas roupas? Quem me tirou a cama grande e macia?

Ela não respondia, mas logo eu mesmo falava, todo confuso:

— Ficou no passado. Isso aconteceu e acabou. Nório, preste atenção: acabou, a vida é outra. Não fale assim com ele. Você ainda é má. Não sou mais. Queria, como ele, ter minhas coisas de volta. Queria ter meus vestidos. Eu que não quero usar vestido. Prefiro os trapos que Honório veste. Machão!

Estava com dezenove anos quando meu pai ficou doente, acamado. Meu irmão quis me levar para ser internado num sanatório.

– Mamãe – disse meu irmão –, Disco precisa fazer um tratamento especializado, não precisando cuidar do dele, ficará menos pesado para a senhora cuidar do papai. Hospitais são para doentes.

– Será que irão judiar dele? – perguntou mamãe, preocupada.

– Claro que não. Lá eles cuidam de enfermos como ele – afirmou meu irmão.

Fui e estranhei somente o horário rígido: tinha hora certa para todas as atividades. Senti menos fraqueza pelos muitos remédios que tomava. Os médicos conversavam comigo e fizeram o diagnóstico de que eu tinha três personalidades. A primeira, a principal, Wellington, o Tom ou o Disco; uma mulher, a Edina; e outra, o Narciso. Fiquei dois anos internado. Estava mais forte fisicamente, mas agia do mesmo modo, conversava sem parar. Neste tempo em que fiquei internado, meu pai faleceu e todos os meus irmãos se casaram. Mamãe foi me buscar no sanatório e me trouxe para casa com a certeza que eu não iria sarar. Concluíram que era melhor continuar o tratamento perto da família.

Mas no meu lar não seguia normas. Não me alimentava direito, não tomava banho se não queria e raramente fazia a barba. Minha genitora era idosa e adoentada. Nunca fora firme comigo, sentia muito dó de mim e pensava que, não me forçando a nada, estava sendo boa mãe. Escutava-a sempre:

— Tom é tão bonzinho! Ele não tem culpa de ser doente. Deixo meu filho fazer o que quer. Antes ser um sujo contente do que um limpo infeliz.

Era magro e aparentava ter mais idade. Estava com envelhecimento precoce. E minhas falas continuavam confusas, como sempre. Eram três pessoas que falavam e comecei a modificar o modo de falar. Quando era a mulher, pronunciava com voz mais fina e fazia trejeitos femininos. Quando era o homem, com voz mais grossa e modos grosseiros.

— Você está sempre olhando a minha bicicleta. Você gosta de bicicleta, Disco? – um vizinho me perguntou.

— Acho-a bonita. Gosto. Ele não sabe pedalar – respondi.

— Você quer esta para você? Dou-a de presente – o vizinho me ofereceu.

— Quero. Você precisa pedir para sua mãe. É melhor, se não ela não acredita. Mãe!

Gritei contente, pedi para mamãe, ela permitiu e ganhei a bicicleta. Não aprendi a pedalar, empurrava a bicicleta pelo quintal; depois, na frente de casa; depois, pelas ruas ali perto. E sempre conversando.

— Eu é que vou no banco. Não, sou eu, cansei de ir na garupa.

E, como sempre discutia, as pessoas me olhavam: uns sentiam medo; outros, dó; e a maioria pensava que estava bêbado. Mas quem me conhecia sabia que era doente.

E quando me perguntavam quem eu era ou o que fazia, respondia:

– Sou dono de um bar muito bonito. Sou bailarina. Você foi, quando jovem, agora é... Moro atrás do bar. Bebo somente pinga envelhecida. Sou muito bonito.

Sempre falava do bar e nunca entrara em um. Dizia também que tinha muitas mulheres e roupas bonitas.

Uma vez olhei no espelho e exclamei:

– Este não sou eu! Faço a barba todos os dias, tenho cabelos negros, assim como os olhos. Este é feio, eu sou bonito. Você foi assim. Não é mais. Louco!

Este dia chorei, sentido. Aí nunca mais me olhei num espelho.

Minha mãe estava muito doente e desencarnou. Fiquei sozinho naquela casa. Meus irmãos me traziam alimentos. Sentia falta dela, mas tinha meus dois companheiros. Alimentava-me pouco. Saía empurrando a bicicleta e falando sem parar. Quem escutava não entendia. Minha aparência dava medo. Cabelos crescidos, assim como a barba, e desdentado. Não escovava os dentes e, se um dente doía, com muito sacrifício, minha mãe, quando encarnada, levava-me para extraí-lo. Restavam poucos dentes quando ela pediu ao dentista para extrair o restante. Dava muito trabalho, não parava de falar, e o profissional tinha de me sedar. Estava sempre sujo e muito magro.

Então, meus irmãos conseguiram me internar novamente. Este sanatório era dirigido por pessoas espíritas e recebi também um tratamento espiritual. Estava fraco, anêmico e com várias enfermidades. Recebi transfusão de sangue, tomei soro e vários remédios.

O médico conversava comigo, e os três respondiam. O profissional percebeu que era uma obsessão que chegara a possessão e meu tratamento seria demorado. Várias pessoas faziam trabalho voluntário no sanatório, todas elas espíritas. Conversavam conosco, os doentes, davam-nos atenção e carinho. Fiquei mais calmo, ou ficamos. Tomava banho, fazia a barba, alimentava-me melhor e dormia com remédios. Sentia falta da minha bicicleta, mas não queria voltar para casa. Meus irmãos raramente me visitavam.

Mesmo sendo bem cuidado, continuava debilitado. Tive pneumonia. Sempre senti dores, mas, enfermo e acamado, senti mais. Naquela tarde, recordei de fatos acontecidos comigo. Triste, chorei e dormi. Desencarnei. Meu corpo físico enfraquecido parou suas funções. Não vi nada nem senti. Foi como se dormisse.

॰ঌ

Acordei em outro quarto, numa cama, e vi nós três deitados. Estávamos amarrados por uma corda, ou fita, de uns cinco centímetros de largura. Esta faixa era estranha, parecia uma névoa que unia nós três. Não estranhei. Sabia disso, não entendia, mas sabia que estávamos unidos.

— *O que me aconteceu?* — perguntei. — *Acordei e continuo vendo vocês.*

— *Seu corpo morreu* — respondeu a mulher, Edina. — *Você não repete mais o que falo.*

— *Claro que não* — falou o homem, Narciso. — *Agora ele é desencarnado.*

— *O que significa isso?* — perguntei.

— *Que você é agora um espírito sem corpo de carne. É como nós.*

— *Continuaremos unidos?* — quis saber.

— *Penso que sim* — opinou Edina. — *Unimo-nos e não sabemos como nos separar.*

Calamo-nos, dormi novamente e acordei melhor, sentia poucas dores.

— *Até que enfim acordou!* — exclamou Edina. — *A moça nos pediu para não acordá-lo. Aí está ela.*

— *Boa tarde!* — uma moça me cumprimentou. — *Trouxe-lhes sucos, pães e frutas. Alimentem-se.*

Eu comi, Edina e Narciso tomaram somente um pouquinho de suco. A moça tirou a bandeja, sentou-se numa cadeira perto da cama e falou:

— *Chamo-me Isa. Vou conversar um pouquinho com vocês. Serão separados, e então poderão escolher se querem auxílio. Se quiserem, ficarão conosco. Se não, poderão ir para onde quiserem. Conte você, Edina, o porquê de estarem unidos.*

— *Eu?! Por que eu?* — Edina indagou.

— *Porque ela mandou* — falou Narciso.

Mexi a boca para falar, mas me contive. Ia, certamente, iniciar uma discussão entre os dois. Isa interferiu.

— Por favor, senhores. Estou aqui para ajudá-los a resolverem seus problemas. Não quero discussão. Fale, Edina.

— Tinha dezesseis anos quando fui trabalhar com Honório, o Disco, este aí – Edina me mostrou. – Ele possuía um bar, com uma casa de prostituição. Narciso também trabalhava lá e nos tornamos amigos. O lugar era lucrativo. Eu envelheci e então fui fazer parte dos rituais nos quais Honório também era o chefe.

Edina parou de falar. Eu recordei, ou vi, claramente, porque não me esquecera. Vi-me: era alto, forte, cabelos e olhos negros. Lembrei-me do bar, da casa nos fundos e de como me vestia para esses rituais.

— Edina, o que você fazia nestes rituais? – perguntou Isa.

— Coisas erradas – Edina respondeu. – Tristes e erradas. Pecados terríveis.

Edina calou-se. Olhei para seu rosto: ela não chorou, talvez não tivesse mais lágrimas.

— Por favor, fale você, Narciso – pediu Isa.

— Meus pais me venderam ao Honório quando tinha oito anos e fiquei com ele como empregado. Também fazia parte dos rituais.

— Por que se uniram? – Isa quis saber.

— Éramos amigos, penso que ainda somos – explicou Edina. – Fui eu que tive a ideia de nos unir. Agíamos errado, éramos criminosos e sabia que os mais fracos seriam punidos. Juramos lealdade, prometemos não nos trair.

– *Como se uniram?* – Isa perguntou.
– *Por um ritual complicado. Imprudentemente nos unimos* – lamentou Edina.
– *Foi isso mesmo* – contou Narciso. – *Honório tinha um caderno que havia pertencido ao seu avô, que era feiticeiro. Fazíamos rituais para prejudicar nossos inimigos e adquirir coisas materiais. Dava certo. Mas não acreditei nesta união. Pensei que seria apenas para aquela ocasião, não acreditava na sobrevivência do espírito. Para mim, morria e acabava. Ignorava que poderíamos ter outro corpo físico. Pensei que, se fôssemos descobertos e presos, seria somente eu castigado. Fizemos o ritual e nos unimos, ou nos prendemos, uns aos outros.*
– *Já quiseram se desprender?* – Isa quis saber.
– *Sim, muitas vezes* – respondeu Narciso. – *Não foi e não é agradável ficar preso a estes dois tantos anos. Disco reencarnou e ficamos perto dele sem conseguirmos nos afastar. No sanatório, recebemos orientação, melhorando nossa perturbação. Mas não nos separamos.*

Isa olhou Edina, convidando-a a falar.

– *Eu também não gosto de ficar presa. Sofro por isso. Quando Narciso morreu, ficamos, Honório e eu, muitíssimo perturbados, sentindo a decomposição dele. Desesperei-me, quis morrer e tomei veneno. Honório não teve coragem de se suicidar. Ficou dias trancado no quarto sentindo nós dois nos decompormos. Enlouqueceu, saiu desesperado, quis se lavar, caiu no rio e morreu afogado.*
– *E depois?* – indagou Isa.

– *Ficamos os três no umbral, sofrendo muito* – Edina continuou contando. – *Foi um período horrível. Honório foi quem mais se arrependeu. Pedia muito perdão. Eu estava muito confusa. Melhorei quando vi uma mulher grávida. Honório nasceu e recebeu outro nome. Narciso e eu ficamos perto dele. Continuamos unidos.*

Escutava a conversa e revia os acontecimentos. Não acreditava muito nos rituais. Encontrei por acaso o caderno do meu avô paterno e o guardei. Quando um homem poderoso na região quis tomar meu bar, pressionado, resolvi usar dos conhecimentos do meu avô. Li seus escritos e encontrei uma receita (vovô dava o nome de "receita" para as tarefas que deveriam ser realizadas para alcançar o que se desejava) para afastar o inimigo. Convidei Narciso e Edina para, juntos, fazermos o ritual para impedir o homem de me tomar tudo o que possuía. Fizemos e deu certo. Fizemos outros. Alguns eram mais difíceis. O ritual que nos uniu foi dificílimo. Vivemos por muitos anos depois desta imprudência cruel, estávamos idosos quando Narciso sofreu um infarto e desencarnou. Edina e eu o sentimos se decompor. Foi horrível. Ela, desesperada, suicidou-se. Sofri muito: achando-me sujo, fui me lavar no rio e me afoguei. Ficamos no umbral e não nos separamos. Arrependi-me. Quis, roguei por uma nova oportunidade, e reencarnei. Essas recordações me fizeram chorar. O remorso dói mais do que qualquer dor física.

– *Não chore, Disco* – rogou Edina.

— *Fiz coisas feias* — lamentei.
— *Fizemos* — concordou Narciso.
— *E agora? Será que ficaremos para sempre unidos?* — perguntou Edina.
— *Não fizemos o ritual para isso? Para ficarmos para sempre unidos?* — falou Narciso.
— *Fizemos para sempre, mas não foi para sempre...* — disse Edina.
— *Vocês, pela vontade, criaram um vínculo* — explicou Isa.
— *Alimentaram-no pelo remorso. Agora, pela vontade, podem desfazê-lo. Vamos tentar? Pensem que querem que este cordão desapareça.*

Pensamos. Isa ergueu as mãos em nossa direção, minutos se passaram e nada. Continuamos unidos.

— *Vou pedir ajuda para uma pessoa que sabe fazer isso: ele foi, é, um grande estudioso da mente humana. Dará certo* — Isa nos animou.

Ficamos sozinhos e calados. Adormeci, sentia-me cansado. Quando acordei, Edina se queixou:

— *Estou com medo!*

Isa voltou ao nosso quarto e nos levou para outro local. Destravou as rodas da cama e a empurrou. Ficamos calados. Levou-nos para um cômodo onde somente três velas clareavam o local. Ali havia somente um crucifixo na parede. Isa ficou num canto e entrou no local um homem vestido de branco, com uma capa brilhante. Seus cabelos eram brancos como a neve. Um espírito muito bonito, porque estava harmonioso. Sério, sem falar nada, fez alguns gestos que julgamos ser o início de um ritual. Depois de alguns minutos, em que ficamos atentos a ele, falou com voz forte e agradável:

— *Repitam o que digo: Ó, Deus, Criador do Universo* — repetimos —, *Pai de bondade infinita, liberte-nos de nossos erros. Pedimos perdão pelos nossos atos impensados e maldosos.*

Recitou algumas frases, todas bonitas. Depois tirou, de dentro de sua capa, uma espada. Um objeto lindo. Estávamos atentos. Acreditamos que o ritual daria certo. O senhor com a espada cortou a faixa cinza escura que nos unia.

— *Em nome do Todo Poderoso e Misericordioso, eu os liberto!*

A faixa sumiu. Nós três choramos e agradecemos. O senhor saiu. Isa acendeu as luzes e nos esclareceu:

— *Vocês não estão mais unidos. Despeçam-se uns dos outros e se perdoem. Cada um irá para um local. Ficarão separados.*

Abraçamo-nos, desculpamo-nos e fomos desculpados.

Voltei para o quarto onde antes estivera e dormi tranquilo pela primeira vez em muitos anos.

ভ

Ao acordar, senti falta dos dois, e muita. Estava inquieto, parecia que faltava uma parte do meu corpo. Pensei que não ia andar ou mexer os braços. Mas levantei-me, andei e peguei um copo d'água. *"Não estou inteiro! Sinto-me pela metade!"*, pensei.

– Oi, Wellington! – Isa entrou no quarto. – *Vou levá-lo para fazer um tratamento que irá fortalecê-lo. O que você mais deseja ter de sadio?*

– Gostaria de ter dentes. Comer esta maçã com meus dentes – respondi.

– *Então vamos.*

Com ajuda, fiquei com aparência saudável. Dentes sadios, cabelos curtos, sem barba, mais gordo, sem as cicatrizes dos vários ferimentos que tive. Gostei de minha aparência. Mas estava muito triste, senti falta dos dois.

Dormia muito, acordava, ia às sessões de tratamento, escutava músicas, ouvia palestras e a leitura do Evangelho, caminhava pelo jardim e fazia exercícios. Sentia dificuldade para conversar com outras pessoas. Preferia ficar sozinho. Recordava-me muito do período encarnado, da minha bicicleta, de Edina e Narciso. Sentia saudades deles. Mas estava melhorando, não sentia mais os dois como pedaços de mim.

Recebi a visita de meus pais. Mamãe me abraçou apertado. Alegrei-me, gostava deles, mas não os amava. Esforcei-me para conversar com eles, mas não consegui. Mamãe até comentou:

– *Tom, você está tão calado. Antes conversava tanto.*

Sorri. Hoje não estamos juntos, moramos em lugares diferentes, mas nos visitamos sempre.

– *Wellington* – disse o senhor que me dava passes, conversava comigo e participava do meu tratamento –, *você pode fazer perguntas. Se quiser saber algo que está lhe acontecendo ou lhe ocorreu, pergunte. Se eu souber, responderei. Se não souber, procurarei saber para te informar.*

— Por que sinto falta de Edina e Narciso? Por que ficamos unidos?

O orientador sabia o que tinha acontecido comigo e tudo o que fiz, ou fizemos, no passado. Respondeu, orientando-me.

— *Vocês ficaram juntos muitos anos, é natural que sintam falta um do outro. Erraram e sofreram juntos. Vocês agiram imprudentemente, uniram-se por um ritual e acreditaram que, de fato, estavam unidos e que deveriam continuar assim. Seguramente, se este ritual tivesse sido feito sem terem cometido maldades, não se sentiriam culpados e não necessitariam se punir. Mas, infelizmente, vocês três usaram da crueldade e mentalmente se uniram. Tanto que o primeiro a desencarnar, o Narciso, não conseguiu desligar-se, em espírito, do corpo físico morto e sentiu sua decomposição. Acreditando estarem ligados, você e Edina sentiram o que ele sentia. Depois que Edina desencarnou, você sentiu o sofrimento dos dois. Aquela faixa fluídica, cinzenta, que você viu, era fortalecida pela vontade de vocês três, que continuaram imprudentemente pensando, imaginando, estar unidos. Não conseguiam se afastar um do outro.*

— Estávamos nos punindo? — perguntei.

— *Ao cometermos um ato imprudente, principalmente se esta ação resultou em dores para outra pessoa, marcamo-nos, e, para nos livrarmos desta marca, ou deste laço, que nos prende à ação maldosa, não é tão simples. Vocês sabiam que agiam errado, e o erro os prendeu.*

— Se não soubéssemos que estávamos errados, não receberíamos castigo? — quis saber.

— É impossível não saber, não ter noção, não sentir intuitivamente *que certos atos são errados*. Temos em nós, em nosso espírito, a voz da nossa consciência a nos alertar o que é bom ou não. Mesmo os que julgam não saber recebem a dor, não como punição, porém como correção, como aprendizado. Se vocês tivessem conhecimentos integrais dos atos que fizeram, a reação teria sido com muito mais sofrimento. Porém, se alguém souber realmente, penso que não cometerá este ato que cometeram. Porque uma pessoa com conhecimento não iria querer ficar unida a outra.

— Por que não conseguimos nos separar? Por que somente nos separamos com o auxílio de um espírito bondoso?

— Como disse, não conseguiram se separar por pensarem que haviam se unido e deveriam continuar unidos. O espírito que os separou é, de fato, um ser bondoso. Ele fez aquele ritual apenas para vocês acreditarem, não duvidando que a faixa que os unia pudesse desaparecer. Ele usou a energia positiva para anular a negativa. Para vocês não fazerem este elo novamente, porque ainda se sentem devedores, culpados e em débito, foram separados.

— Como estão meus amigos? Será que eu posso dizer que somos amigos?

— Edina e Narciso estão, cada um, em abrigos diferentes e longe um do outro. Eles estão fazendo o mesmo tratamento que você. Estamos tentando equilibrá-los para depois prepará-los *para reencarnarem, e em lugares distantes. Se não são inimigos, são amigos. E amigos desejam coisas boas uns para os outros. Faça isto, Wellington: deseje a eles que estejam bem e alegres.*

Passei a fazer isso e me senti bem melhor. Todas as vezes que sentia falta deles, desejava-lhes coisas boas e me sentia tranquilo. Passei a conversar com as pessoas. Aprendi a cantar, saía mais do quarto, e o tratamento continuou.

Numa tarde, perguntei à pessoa que pacientemente me auxiliava:

– Quando estava encarnado, fui diagnosticado pelos médicos como "deficiente mental". Fui realmente?

– Sim, você teve uma enfermidade mental. Seu espírito, confuso, com muito remorso, transmitiu isso ao físico, que adoeceu. Porém isso ocorreu com você. Cada pessoa enferma o é por uma causa especial, somente dela.

– Tive tripla personalidade?

O orientador me esclareceu:

– Mente sã, ou seja, espírito são, sem remorso, sem débito, é sinônimo de corpo físico sadio. São muitas as causas para um enfermo ser diagnosticado como alguém com mais de uma personalidade. Pode haver casos como o seu, em que Edina e Narciso usavam sua mente, deixando-o debilitado. Muitos enfermos o são por obsessão, e até possessão e os motivos para isso acontecer são muitos: paixão, ódio, remorso e outras causas. Vocês se uniram fazendo um elo mental, uma faixa fluídica. Isso é raro. A maioria dos espíritos que ficam perto de outros se afasta quando quer. Outro fato que contribui para o diagnóstico de dupla personalidade é a recordação que o enfermo tem de suas outras encarnações, sem estrutura para isso, confundindo essa lembrança com o presente, perturbando-se muito. Na maioria das vezes, estas recordações são ocasionadas por desafetos que querem mesmo que essa pessoa sofra. Outros doentes podem imaginar ser alguém ou algo que nada tem a ver com eles. São muitas as doenças mentais, e as causas são mais diversas ainda.

— Então não é bom nos lembrarmos de nossas outras existências? — perguntei.

— Deus faz tudo perfeito — continuou o orientador a me elucidar. — Misericordioso, deu-nos várias oportunidades de melhorarmos por meio da reencarnação. Como reiniciaremos se não esquecermos? Espíritos mais amadurecidos recordam-se sem problemas, principalmente se não tiverem muitos débitos. Mesmo no plano espiritual, muitos desencarnados não se recordam, somente o fazem se isso for servir para sua melhora ou para compreender acontecimentos de sua vida. Não se deve recordar por mera curiosidade, principalmente encarnado. Para tudo tem tempo certo. Existem terapias no plano físico que ajudam a recordar outras encarnações. Esse processo deve ser feito por profissionais e com muita cautela. Normalmente é um processo demorado, para não haver o risco de a mente inventar e fazer confusão. O esquecimento é uma bênção pela qual devemos ser gratos.

— Concordo com o senhor — falei. — Se não tivesse recordado, como Wellington, minha existência como Honório, minha vida teria sido diferente, mais fácil. Vou fazer tudo para merecer, na minha próxima volta ao físico, esquecer tudo e reiniciar.

— Você conseguirá — o orientador me animou.

— Vi muito sofrimento no sanatório onde estive internado quando encarnado. Minha cama era próxima à de um moço que um dia pensava ser um sapo; no outro, um famoso presidente já falecido; e, no outro, uma atriz.

Fiz uma pausa no meu ditado à médium, tirei do bolso um papel, mostrei-o ao senhor Antônio Carlos, que estava presente, e disse:

— O orientador leu para mim algo escrito nesta folha de papel. Achei tão bonito que pedi a folha para mim. Ele me deu e a guardei comigo. Quando aprender a ler, desejo ler esses livros. Antônio Carlos, o senhor pode ler para mim o que está escrito, para que eu possa ditar para a médium?

Com sua resposta afirmativa, escutei e fui ditando:

"*Loucura provém de um certo estado patológico do cérebro, instrumento do pensamento; estando o instrumento desorganizado, o pensamento fica alterado.*

A loucura é, pois, um efeito consecutivo, cuja causa primária é uma predisposição orgânica, que torna o cérebro mais ou menos acessível a certas impressões, e isso é tão real que encontrareis pessoas que pensam excessivamente e não ficam loucas, ao passo que outras enlouquecem sob o influxo da menor excitação."[2]

"*Sendo todo alienado, conforme o próprio verbete denuncia, um ausente, a alienação mental começa, muitas vezes,*

---

2. KARDEC, Allan. *O que é o espiritismo*. 36. ed., p. 217.

quando o espírito retorna ao corpo pela reencarnação em forma de limitação primitiva ou de corrigenda, ligado a credores d'antanho[3], em marcha inexorável para o aniquilamento da razão, quando não se afirma nas linhas do equilíbrio moral."[4]

O senhor Antônio Carlos calou-se, e eu continuei minha narrativa.

Às vezes me entristeço porque tenho uma dívida enorme para pagar. Agi muito errado. Mas tenho acatado os conselhos para aprender, trabalhar e me preparar para depois planejar a melhor maneira de quitar meus erros e ficar bem comigo.

– Você já resgatou muitos erros, sofreu muito como Disco – um orientador me consolou.

Mas não sinto isso. Sofri, sim, mas não o suficiente. Não ficamos sem reação quando fazemos o mal. Sei que podemos anular qualquer ação maldosa com o amor, mas, para isso, tenho de aprender a amar. Por isso ainda não fiz planos, tenho tempo. Não devo reencarnar nos próximos vinte anos. Sem dúvida vou aprender muito neste período em que ficarei no plano espiritual.

Influências da reencarnação na minha vida? Claro que as tive muito, respondo todas as vezes que me perguntam. Alguém pode ter questionado por que nasci doente, se não havia feito nada de mal (na existência como Wellington), e

---

3. Antanho: de outros tempos, do passado.
4. *Nos bastidores da obsessão*, do Espírito Manoel Philameno de Miranda, psicografado por Divaldo Pereira Franco, 6 ed., p. 281.

por que sofri tanto. Porém, agi com maldade em outra existência. Mas não fui condenado a sofrer para sempre. Tive, como Disco, a dor como companhia, tentando aprender a não agir mais com crueldade. Como tudo é justo e misericordioso! E seguramente terei outras reencarnações, que poderão refletir os atos cometidos quando tive o nome de Honório. Quero sentir essas dificuldades e sofrimentos como aprendizado, como uma grande oportunidade de resgate com a bênção do esquecimento. Bendita a oportunidade da reencarnação!

Obrigado.

Wellington.

sete

O ACIDENTE COM O CAVALO

Estou, neste momento em que dito minha história à médium, no plano espiritual há onze anos. E graças às dificuldades que tive pelas vagas lembranças de minha outra encarnação e por ter procurado compreendê-las, encontrei o Espiritismo. Tive uma desencarnação tranquila, em que percebi quase de imediato que mudara de plano. Sou profundamente grato pelas muitas oportunidades que temos, por voltarmos várias vezes ao plano físico e também pelos motivos que tive para procurar entender esta graça que o Criador nos deu pela Sua bondade infinita.

Vou contar minha história de vida.

Reencarnei numa família de classe média, filho do meio, tinha, portanto, uma irmã mais velha e um caçula.

Desde pequeno gostava de desenhar, principalmente cavalos. Pintava-os de marrom. Um dia meu pai me perguntou:

— Ricardo — tive este nome na minha última encarnação —, você quer ver uma corrida de cavalos?

— Não! — respondi rapidamente. — Não gosto desses animais, eles pisam na gente.

— Não, meu filho — papai tentou me esclarecer —, cavalos não são maus. São bonzinhos.

— Não quero ir!

— Pensei que você gostasse desse animal, desenha-os tão bem — falou papai.

— Não gosto deles, desenho por isto: porque não gosto!

Meu pai não entendeu, mas não me forçou. Meus pais nos educaram sem nos forçar a nada.

Cresci, era muito estudioso e fui estudar engenharia civil. Tinha tido algumas namoradas, mas nada sério. E ainda desenhava cavalos e os coloria de marrom.

Conheci Clara, ela fazia curso de letras. Gostamos um do outro assim que nos vimos. Namoramos, descobrimos afinidades, o amor nasceu e se fortaleceu.

Morávamos na mesma cidade, em bairros distantes. Passamos a frequentar a casa um do outro. Íamos nos formar no mesmo ano e decidimos nos casar logo após as formaturas.

Clara tinha dois irmãos, ela era a mais velha. O pai tinha uma propriedade rural, criava muitos animais, principalmente equinos. Já havia sido convidado muitas vezes para ir à fazenda e recusava sempre, inventando desculpas.

— Ricardo – insistiu Clara –, vamos passar o feriado na fazenda. Você irá gostar de lá. A namorada do meu irmão e umas amigas irão também. Por favor, venha conosco. Não quero ir sem você!

Não queria ir por apenas um motivo, lá havia cavalos. Clara gostava de cavalgar, galopar pela propriedade. Não disse nada à minha namorada do medo que eu tinha desses animais. Foi tanta insistência que decidi ir.

Seriam quatro dias. Chegamos de manhã. A fazenda era muito bonita; a casa, confortável e grande. Vi a criação de animais de longe e estremeci. O primeiro dia foi agradável porque choveu e não saímos da casa. Escutamos músicas, jogamos e conversamos.

O segundo dia amanheceu com um sol lindo, levantei cedo e saí a pé pela fazenda. Foi um passeio agradável. Almoçamos. À tarde, eles resolveram sair para cavalgar. Dei desculpas para não ir.

— Estou cansado. Encantei-me com o lugar e andei muito.

Eles foram. Estava gostando do passeio. À noite, jogamos e conversamos. Mas no outro dia...

— Vamos todos à cachoeira. O lugar é lindo! Iremos a cavalo – disse Clara.

— Não irei – falei. – Nunca montei e não sei cavalgar.

Meu sogro, o senhor Otávio, sorriu. Para mim, até aquele momento, o pai da Clara me era indiferente. Tratava-o bem por ser o genitor de minha namorada. Mas, ao vê-lo sorrir, parecia que estava debochando de mim, tive uma sensação muito desagradável.

– Ricardo – disse o senhor Otávio –, vou selar um cavalo manso, obediente, para você. Este é para as moças cavalgarem.

Clara interferiu:

– Papai está brincando, Ricardo.

– Ele pensa que todos devem saber galopar – falou o irmão de Clara.

Senti-me ofendido, mas não falei nada. Tudo foi organizado para o passeio. Ainda bem que o equino que me foi destinado era preto.

Esforcei-me muito e montei. Meu coração disparou e, com muita dificuldade, contive minha respiração alterada. Saímos. De fato, Maneiro, o cavalo que montava, era obediente e seguiu os outros. Não conversei, estava tenso. Fazia quinze minutos que havíamos saído da estrebaria. Para mim, pareciam umas duas horas. Clara, o irmão dela, a namorada dele e as amigas conversavam animados. Clara se emparelhou comigo.

– Ricardo, por que está calado?

– Não sei por que preciso montar, se não quero!

– Está tão ruim assim? – perguntou ela.

– Não me encha!

Clara fez até um biquinho. Nunca respondera a ela desse modo. Passou à frente, e eu fiquei para trás. Eles se distanciaram. Senti muita vontade de vomitar. Puxei as rédeas, o animal parou. Desci e vomitei muito. Voltei à casa andando e puxando Maneiro. Andei uns novecentos metros. Quando me aproximei da casa, montei de novo e fui à estrebaria. Deixei lá o cavalo. Disse à empregada que não estava me sentindo bem e fui para o quarto. Estava nervoso: primeiro porque sem motivo me privara de um passeio agradável e depois por ter respondido grosseiramente a Clara. Desci para o jantar. O grupo conversava animado. Meu cunhado me perguntou:

– Por que você voltou? O passeio foi muito agradável.

– Não estava me sentindo bem – respondi.

Virei, afastei-me do grupo, fui à janela e fiquei olhando para fora. O senhor Otávio se aproximou de mim.

– O que você sentiu? O cheiro do Maneiro lhe fez mal?

Sem entender o porquê, respondi:

– Francisco!

Senti que tonteava. Parecia que estava com sangue na boca. Vi o corpo de um menino caído, ensanguentado, e um cavalo que me pareceu muito grande e marrom. Ouvi um moço gritar:

– Francisco! Francisco!

E o moço me pareceu ser o senhor Otávio.

O pai de Clara me olhou assustado, nada respondeu e se afastou. Demorou alguns segundos para passar a sensação de ter sangue na minha boca. Quando me senti melhor, fui me sentar no sofá, ao lado de minha namorada.

– Ricardo, o que você disse ao papai? Ele ficou transtornado, e você não parece estar bem.

– De fato, não me sinto bem – falei.

Minha vontade era de ir embora.

Fomos chamados para jantar. Comi pouco. O senhor Otávio e eu permanecemos calados.

O grupo foi jogar, e eu fui à varanda. Não estava entendendo o que havia acontecido comigo. Nunca gostei de cavalos e pensava não haver razão para temê-los. Mas senti pânico ao montar em um. E a visão que eu tive quando o senhor Otávio conversou comigo era algo inexplicável.

Clara aproximou-se.

– Ricardo, o que está acontecendo?

– Não sei.

– Você me ofendeu – ela se queixou.

– Desculpe-me, Clara. Não quis ofendê-la. Não queria montar. Senti-me forçado e não me senti bem.

– Deveria ter dito.

– De fato, teria sido melhor eu ter falado. É que não gosto de cavalgar – tentei me justificar.

– O que você disse ao meu pai?

– Não sei por que disse aquilo. Foi uma palavra, um nome. Falei "Francisco".

– "Francisco"? Por que fez isso? – Clara perguntou.

– Não sei – respondi. – Esse nome tem alguma importância?

– Para meu pai tem. Papai teve um irmão que faleceu com seis anos num acidente de cavalo, e ele se chamava Francisco. Tinha somente esse irmão, que era mais novo que ele nove anos. Papai não gosta de falar desse assunto. Foi muito sofrimento. Minha avó morreu logo depois, e vovô ficou muito calado. Não os conheci, é o que meu pai conta. Onde você escutou esse nome?

– O nome? Deve ter sido por aí.

– Não costumamos, ninguém em casa ou aqui na fazenda, falar disso. Por favor, não comente com ninguém. Papai sofre sempre que se recorda desse acidente – Clara me pediu.

Fui deitar, mas não dormi. Aquela visão me perseguiu, ou seja, não conseguia parar de pensar no que aconteceu.

No outro dia, o grupo saiu para passear a cavalo. Clara ficou comigo, e ninguém sequer me convidou. Esforcei-me para parecer natural, mas estava ansioso para ir embora. O senhor Otávio não conversou comigo nem eu com ele.

Foi um alívio voltar para a cidade. Prometi a mim mesmo nunca mais ir para lá.

Tudo voltou ao normal: estudo, namoro, correria com as provas. Mas não esqueci a sensação do momento em que eu tive aquela visão. Fiz um propósito de não desenhar mais cavalos. E, com muito esforço, não os desenhei mais. Não queria mais voltar à fazenda e fui sincero com Clara.

– Gosto da cidade, de sua agitação. O campo não me atrai nem para passeios. Percebi que não gosto de cavalos e nunca mais quero montar num. Quando você quiser ir à fazenda com sua família, vá, porém não conte comigo.

Não me sentia mais à vontade na presença do senhor Otávio nem ele na minha companhia. Mas nos tolerávamos porque Clara e eu nos amávamos e combinávamos muito. Formamo-nos e ficamos noivos. Arrumamos empregos e marcamos a data para o casamento. Meu pai nos cedeu um apartamento para morarmos, não pagaríamos aluguel, e o senhor Otávio nos deu os móveis e a festa. Nosso casamento foi lindo.

Para agradar Clara, voltei à fazenda, mas não chegava perto dos cavalos, e ninguém comentava nada. Não gostava mais daquele recanto nem mais o achava bonito. Às vezes, olhava algum lugar e parecia que via outro, ou seja, o mesmo local, mas modificado. Quando estava no campo, não dormia bem. Sentia enjoo e, às vezes, a sensação de sangue na boca.

Meu emprego era numa firma de construção e estava gostando. Clara lecionava numa boa escola. Comemoramos seis meses de casados. Éramos muito felizes.

– Ricardo – Clara disse –, ainda não estou grávida. Estou pensando em ir a um médico.

– Por favor, Clara – falei –, ainda é cedo para termos filhos.

– É que não estou me sentindo bem.

Clara foi ao médico, fez muitos exames, e os resultados não foram bons. Ela estava com câncer. O tratamento foi cruel, assim como a doença.

Ela se afastou do trabalho, e todos os familiares nos ajudaram. Quis sair do meu emprego para cuidar dela. Mas meu pai e o dela me aconselharam a continuar. Clara preferiu, após uma longa internação, ir para a casa de seus pais para ficar perto da mãe.

Foi um período muito triste. Fiquei desesperado. Estava faltando muito no emprego. Decidi me demitir. Ficava muito com ela, e as esperanças de cura foram diminuindo. Rodeada de muito amor e carinho, Clara desencarnou.

Todos sofreram, mas eu sofri demais. Voltei para a casa de meus pais, não tive coragem para voltar ao apartamento. Três meses se passaram, resolvi arrumar outro emprego. Minha irmã tinha se casado e foi morar em outro estado, longe de onde morávamos. Ela me convidou para visitá-la e me disse que eu poderia arrumar lá um bom emprego.

Fui e gostei do lugar. A cidade era pequena, tranquila, e consegui um emprego.

Voltei e me desfiz do apartamento. Fiquei somente com nosso álbum de fotos do casamento. Despedi-me de todos, agora nos veríamos menos. Os pais de Clara me agradeceram, e eu a eles.

Mudei-me. Não quis ficar com minha irmã, aluguei um pequeno apartamento. Dediquei-me ao trabalho. A dor da separação amenizou, mas sentia muita falta da Clara.

Passaram-se dois anos.

ಬ

Minha irmã e meu cunhado estavam sempre tentando me arrumar uma namorada. Tratava bem as pretendentes, mas não queria envolvimento. E aí conheci Nívea, uma jovem professora que viera à cidade para lecionar numa escola. Sua família morava numa cidade próxima. Conhecemo-nos numa festinha, conversamos, achei-a agradável e bonita. Passamos a nos encontrar, sem compromisso. Não a amava, disso eu tinha certeza. Pensava que nunca mais iria amar novamente, não como amei Clara. Acabamos por namorar, e Nívea engravidou. Resolvemos nos casar. A família dela fez uma grande festa. Foi tudo muito bonito. Esforcei-me para parecer entusiasmado. Arrumamos nossa casa e, seis meses depois, nasceu minha filha. Ana Cláudia era linda e saudável. Foi então que minha vida mudou, voltou a ter sentido e me senti feliz.

Dois anos depois nasceu Ana Elisa, também linda e saudável.

Nossas vidas estavam tranquilas. Nívea e eu combinávamos muito. Ela continuou dando aulas, porém com menos carga horária, para ficar com as meninas. Eu continuei com meu trabalho. Financeiramente, estávamos bem, tínhamos uma casa boa, dois carros e nenhuma dívida.

Numas férias, organizamos um passeio junto com um casal amigo e, com seus dois filhos, fomos à praia. Alugamos casas. A nossa ficava distante da casa dos nossos amigos, mas, se íamos de carro, era perto. Aproveitávamos bem, e as crianças estavam gostando muito.

O quarto dia amanheceu chuvoso e esfriou. Meu carro apresentou um defeito e o levei numa oficina mecânica.

Nossos amigos resolveram andar pela praia, não entrariam na água, e as crianças pegariam conchinhas. Minhas filhas foram de carro com eles. Duas horas depois, voltaram do passeio e pararam em frente à casa em que estávamos, mas não desceram do veículo, e conversamos por alguns minutos, animados, combinando um passeio à tarde. Eles foram embora.

Não vi Ana Elisa, então perguntei à minha outra filha:
– Onde está sua irmã?
– Não sei – respondeu Ana Cláudia.
– Como não sabe? Ana Elisa! – gritei.

Nívea e eu nos apavoramos quando percebemos que ela não viera junto. Esqueceram-na lá na praia. Ela estava com quatro anos e gostava muito de água. Meu coração disparou. A praia era longe: se fosse caminhando, demoraria a chegar lá; o mesmo aconteceria se fosse onde estavam nossos amigos, para pegar o carro emprestado. Neste instante, um homem passou na frente da casa, a cavalo.

– Senhor, por favor – pediu Nívea –, empreste o cavalo para meu marido ir...

Contou de nossa filha. O homem se sensibilizou e rapidamente desceu do cavalo e me entregou as rédeas.

– Espero o senhor aqui. Vá rápido!

Por um instante fiquei indeciso. Mas o desespero para encontrar minha filha foi maior. Montei no cavalo e cheguei até a galopar. No momento em que estava galopando nem senti o pavor costumeiro pelo cavalo. Estava aflito para encontrar minha menina. Fui orando, rogando a Deus para que nada de mau acontecesse com ela. No local onde estiveram, vi Ana Elisa na praia, sozinha, pegando as conchas. Pulei do cavalo e corri para ela.

– Ana Elisa! Filhinha!

– Veja, papai, quantas conchinhas eu peguei! Vou ganhar de todos. Meu baldinho está quase cheio.

Ela não percebera que ficara sozinha. Abracei-a. Depois, me ajoelhei e orei agradecendo a Deus. Suspirei aliviado e olhei o cavalo, ele simplesmente ficou parado nos olhando. Senti o pavor. Esforcei-me muito para me aproximar dele e pegar as rédeas. Resolvi ir caminhando: uma mão segurava as rédeas e a outra, a mão de Ana Elisa. Não tive coragem de montar novamente.

Andamos alguns metros quando vi meu amigo se aproximar de carro. Nívea estava junto. Minha esposa estava com o rosto inchado de tanto chorar. Ela abraçou Ana Elisa tão apertado que a menina reclamou.

– Nívea, meu bem, Ana Elisa não percebeu que estava sozinha. É melhor que continue pensando assim. Por favor, controle-se – pedi. Olhei para meu amigo e roguei: – Leve o cavalo para mim, deixe-me dirigir seu carro.

Agradecemos muito ao dono do cavalo. Nívea e eu decidimos não deixar mais as meninas sozinhas com ninguém. O casal se desculpou, e tudo ficou bem. A viagem foi muito agradável.

Pensei: "Por que será que tenho pavor de cavalos? Num desespero, ao pensar na minha filha em suposto perigo, sozinha numa praia, galopei num cavalo. Esse medo será por um trauma? Mas meus pais me garantiram que eu, na infância, nunca vi um cavalo".

Logo após este passeio, minha mãe desencarnou de repente. No velório, vi os pais de Clara. Conversamos por alguns minutos. Ainda sentia uma sensação estranha diante do meu ex-sogro.

Meses depois, Ana Cláudia me contou:

— Papai, vi a moça no meu quarto.

— Você sonhou? – perguntei.

— Não sei. Parece que vi mesmo. Uma moça bonita, loura, de cabelos compridos. Vestia uma roupa cor-de-rosa.

— Clarinho – interrompeu Ana Elisa.

— Você também viu?

Pensei que alguém entrara em casa. Tentei parecer natural, para não assustá-las.

— Vi, sim, papai: no domingo de manhã, ontem e hoje – respondeu Ana Elisa.

— Ela falou com você?

— Hoje não, mas no domingo me disse "cavalo marrom" – falou Ana Elisa.

— Como ela entrou na casa? Fechamos a casa toda. Como isso aconteceu? – perguntei.

— Ela atravessou a porta. Eu vi! – afirmou Ana Elisa.

— Como é ela? – quis saber.

— Tem os olhos claros, penso que verdes. Quando sorri, faz um buraquinho aqui – Ana Cláudia a descreveu e colocou o dedo na face.

— Vocês sentiram medo?

— Eu não, ela é boazinha – respondeu Ana Elisa.
— Como sabe?
— Ora, se vemos alguém mau, sentimos medo. Com as boas, não sentimos – concluiu Ana Elisa.

Nívea chamou as meninas e fiquei perplexo. Elas descreveram Clara, minha ex-mulher. De fato, o tempo faz esquecer, quase não me lembrava mais de Clara.

Minha esposa deixou as meninas brincando e veio conversar comigo.

— Ricardo, você não fala de sua primeira esposa. Sei que você sofreu quando ela faleceu, mas isso já passou e somos felizes. Precisamos resolver isso, o espírito dela tem vindo em casa. Não quero isso. É melhor você dar um jeito.

— Como?

— Rita, a minha melhor amiga, é espírita: comentei com ela, que me aconselhou irmos ao centro espírita. Os espíritas se reúnem três vezes por semana, à noite. São pessoas boas e caridosas. Hoje tem reunião às dezenove horas. Quero que vá. E lá tente saber o que Clara quer e peça a ela para não voltar mais aqui, eu não quero.

Pensei: "Que situação! Por que será que Clara tem vindo aqui, ao meu lar? Será que não tem mais nada de interessante para fazer? Clara, por favor, vá cuidar de sua vida... ou morte".

Fiquei o resto do dia preocupado, e indeciso, se ia ou não ao centro espírita. Minhas filhas tinham visto Clara, em espírito, elas não mentiam. "Será", pensei, "que haveria explicações para esse fato?".

Não costumava falar de Clara com Nívea, isso para não enciumá-la, e, ultimamente, não falava de minha primeira esposa com ninguém. "Por que será", continuei pensando, "que Ana Elisa dissera que Clara falou 'cavalo marrom'? Que mistério era aquele?".

Querendo explicações e pensando que os espíritas, que conversavam com os mortos, pudessem me esclarecer e orientar, fui ao centro espírita. Fui muito bem acolhido. Aquela noite era de estudos. Mas eles gentilmente me esclareceram.

— Nós — disse um senhor — somos todos espíritos que ora estamos vivendo no corpo físico, ora com o corpo perispiritual. A vida não cessa, continuamos sempre vivos. O espírito de sua primeira esposa pode estar querendo lhe dizer alguma coisa. Amanhã teremos um trabalho de orientação aos desencarnados. É um intercâmbio entre os dois planos, de encarnados e moradores do Além. Se quiser assistir a uma dessas reuniões, recomendo primeiro frequentar as aulas de estudo.

Senti não estar preparado para falar com os mortos, preferi seguir a orientação recebida e me matriculei nas aulas de estudo. Entendi primeiro que não eram "mortos", mas "desencarnados", e foi muito bom compreender como acontece o intercâmbio entre os moradores do plano espiritual e estagiários do plano físico.

Cinco aulas depois, em que fiz várias perguntas, e as respostas me satisfizeram, porque as entendi por meio do raciocínio, fui a uma sessão que era chamada de "desobsessão", porque os espíritos desencarnados eram esclarecidos que haviam mudado de plano.

Roguei com fervor para que, se Clara quisesse alguma coisa, se manifestasse e dissesse o que queria. Nesse período em que fui ao centro espírita, minhas filhas não a viram mais.

Não me assustei com as manifestações. O grupo era muito organizado. Primeiro oraram pedindo proteção. Começou o intercâmbio: o médium falava ou repetia o que o desencarnado dizia, e outro encarnado o orientava. Acomodaram-se à mesa um médium e um orientador. Muitos falavam ao mesmo tempo. Percebi logo que Clara estava falando, e eu a escutava pelo médium. Foi um maravilhoso intercâmbio.

— *Ricardo, que bom que veio! Agradeço-lhe. Não quis incomodar suas filhas. Quero lhe pedir uma coisa. Por favor, vá conversar com meu pai. Diga a ele sobre o cavalo marrom. Desejo-lhe felicidades. Adeus!*

Quando a sessão de desobsessão terminou, indaguei ao grupo.

— Não consegui entender o recado. Clara me pediu para conversar com seu pai sobre cavalos? Isso não faz sentido. O senhor Otávio vai pensar, e com razão, que estou louco.

— Talvez, se você nos explicar, possamos orientá-lo. O que você tem a ver com cavalos? — perguntou um senhor.

— Tenho verdadeiro horror — respondi rapidamente. — Temo-os. Nunca gostei de cavalos e, ao mesmo tempo, quando garoto, desenhava-os muito e os coloria de marrom. A primeira vez que fui à fazenda do pai de Clara... Contei resumindo os acontecimentos.

— Ricardo — disse o dirigente daquela reunião —, você, pelo pouco tempo que frequenta nossa casa e pelos estudos que aqui recebeu, sabe que voltamos várias vezes a reencarnar. E, como tudo que Deus faz é perfeito, Ele nos dá o esquecimento para termos um recomeço. Mas podemos trazer algumas lembranças. Por esse fato, devemos procurar ajuda somente se elas nos incomodarem e não encontrarmos explicações. Porque traumas e fobias podem ser dessa existência. Não encontrando razão para as fobias, elas podem ter origem em algo marcante que nos aconteceu no passado, em outras existências nossas. Você já pensou, meditou, no que seja a reencarnação?

— Pensei — respondi. — Observei o meu lar. Minhas filhas são amadas, protegidas, e por que outras crianças são abandonadas? Por que Clara desencarnou tão jovem? São perguntas que somente respondemos com a compreensão da Lei da Reencarnação.

— Sendo assim, concluiu o dirigente — seu medo de cavalo deve ter uma explicação que envolve você e seu ex-sogro. Por que você teve aquela visão? Por que escutou gritarem "Francisco"?

— Será que eu fui o Francisco? — interrompi-o.

— Pode ser que sim. Mas somente a você cabe a resposta. Com certeza Clara quer que você diga isso ao pai dela, para sossegá-lo. É a resposta do perdão. Você o perdoou, mas ele não sabe.

Naquela noite não dormi. Não seria fácil para mim procurar o senhor Otávio e contar o que estava acontecendo. Levantei-me mais cedo do que de costume. Nívea levantou depois de mim e lhe contei tudo enquanto preparávamos o desjejum. As meninas acordaram, e Ana Elisa comentou, como se fosse muito natural:

— Vi a moça do vestido rosa. Ela me deu um tchauzinho e disse: "Se seu pai fizer o que lhe pedi, você não irá me ver mais".

Nívea me olhou e determinou:

— Você irá na sexta-feira conversar com o senhor Otávio.

Estava nervoso: saí da cozinha e fui sentar num banco na varanda. Peguei o *Evangelho segundo o Espiritismo* e abri ao acaso. Li: "Ah! Meus amigos, se conhecêsseis todos os laços que, na vida presente, vos ligam a vossas existências anteriores; se pudésseis abarcar a multidão das relações que aproximam os seres uns dos outros para o progresso mútuo, admirareis bem mais a sabedoria e a bondade do Criador, que vos permite reviver para chegar até Ele". (Guia protetor, Sens, 1862) Capítulo treze: "Que a vossa mão esquerda não saiba o que dá a vossa mão direita. 19 - Benefícios pagos com a ingratidão".

Depois, falei em voz baixa, como se Clara estivesse ali me escutando.

– Clara, eu a amei demais. Não foi por minha culpa nossa separação. Você morreu, desencarnou e deve ficar no plano espiritual. Por favor, não atormente minha família. Vou fazer o que me pediu porque estou sendo forçado. Vou dar uma de louco. Sem dúvida seu pai me irá pôr para fora de sua casa. Isso que você está fazendo é chantagem.

Senti como se tivesse pingado uma gota d'água na minha mão. Olhei e não tinha nada, minha mão não estava molhada. Senti ser uma lágrima e de Clara. E mesmo assim continuei nervoso.

Sexta-feira, cedo, saí de casa de carro e fui para a cidade onde morei. Cheguei à tarde. Papai ficou muito contente e me comunicou que estava namorando.

– A solidão, Ricardo, é muito triste. Vocês estão longe, e estou sozinho. Amei sua mãe, mas preciso de companhia.

Combinamos almoçarmos juntos no outro dia, no sábado, para eu conhecer sua noiva. E à noite fui à casa do senhor Otávio. Avisara-os da visita por telegrama. Estava inquieto para acabar com esse assunto e para minha família ficar livre da presença do espírito de Clara.

Marquei às dezenove horas e trinta minutos, porém lá estava dez minutos antes. Minha ex-sogra abriu a porta. Abraçou-me, contente ao me ver. O senhor Otávio também me abraçou. Convidado a entrar, sentamos nas poltronas da sala. Conversamos, trocando informações. Mostrei fotos das minhas filhas, e eles, dos netos. Por intuição feminina, a mãe de Clara disse que ia fazer um café. Assim que ela saiu da sala, não querendo perder tempo, falei o que me levara ali, pois estava cada vez mais aflito e incomodado com a situação.

— Senhor Otávio, sempre tive medo, pavor, de cavalos, porém, quando era pequeno, desenhava-os muito e os coloria de marrom. Naquele passeio na fazenda, ao me sentir confrontado, decidi montar num. Senti-me mal, vomitei muito e fiquei chateado. À noite estava muito aborrecido comigo mesmo. Indagava-me: "Por que este medo infundado?". Quando o senhor aproximou-se de mim, tive uma visão em que escutei alguém me chamar de Francisco. Clara depois me contou que Francisco era o nome do irmãozinho do senhor que morreu.

Falava de cabeça baixa, fiz uma pausa e olhei para o senhor Otávio. Esperava que ele estivesse sorrindo, debochando, mas ele estava sério, olhava-me atento e perguntou:

— Que visão você teve?

Neste momento, senti a mão de alguém apertar meu ombro, senti ser Clara. Fechei os olhos e tive a visão novamente; desta vez, mais completa. Falei compassado.

— Era pequeno, saudável e levado. Quis montar num cavalo robusto, muito bonito e bravo. Meu irmão Otávio não deixou, porém, como insisti, colocou-me em cima do animal. Estávamos somente nós dois no estábulo. Ele segurava as rédeas. Na outra mão, não sei por que, segurava um pau. "Você não é corajoso? Agora aguente!" Otávio falou, rindo, e levantou o pau. O cavalo se assustou e empinou. Eu, Francisco, segurei o arreio. Otávio, meu irmão, não aguentou segurar as rédeas e as soltou. Porém, o cavalo abaixou as patas e a cabeça. Eu caí na frente do cavalo, passando pela cabeça do animal, que rapidamente voltou a empinar e, com força, bateu com as patas dianteiras em cima de mim, matando-me na hora.

Estava exausto quando terminei de falar. E não senti mais o sangue na boca como das outras vezes em que recordara esse fato. Estava tranquilo, embora não soubesse se fora compreendido, porque nem eu estava compreendendo direito o que estava acontecendo nem a maneira confusa como falei. Olhei para o senhor Otávio, que enxugava as lágrimas. Pensei que ele ia me perguntar como sabia de tudo o que falara, mas ele não o fez. Senti que o genitor de Clara não conseguia nem falar, estava emocionado. Resolvi explicar.

— Não estou louco. Por favor, não me julgue. Por um motivo familiar, fui procurar auxílio no Espiritismo e, nessa religião, fiquei sabendo da reencarnação. Somos espíritos que quando encarnados, estagiamos aqui, no que chamamos de plano físico, e desencarnados vive-se no plano espiritual, no Além. Voltamos muitas vezes ao plano físico e recebemos novos corpos carnais para viver o tempo que for necessário. Foi isso que aconteceu.

Senti um apertão maior, cheguei até a olhar meu ombro e não vi nada. Resolvi continuar a explicar, estava ali para isso e completei, sem me importar se ele acreditaria ou não.

— Acredito que fui, na minha encarnação anterior, Francisco, seu irmão. A vida continuou, voltei a reencarnar, agora sou Ricardo. Perdoei-o. Não seria preciso, o senhor não errou comigo. Mas se perdoei e segui em frente, por que o senhor não se perdoa?

— É difícil! — exclamou o senhor Otávio.

Olhamo-nos. Senti que ele sofria. Peguei em suas mãos.

— Pois faça isso! — pedi.

— Ricardo, nunca tive sossego. Era mais velho que Francisco nove anos. Sabia que o Francês (era o nome do cavalo) era bravo e não deveria ter deixado Francisco montá-lo. Segurava um pau pensando, erroneamente, poder, se precisasse, dominar o animal. Sofri muito com o acidente, que ocorreu como você descreveu. Não contei a ninguém o que aconteceu. Somente eu sabia o que você contou. Menti e não desmenti. Falei, na época, que, ao chegar ao estábulo, Francisco já estava morto. E, mesmo assim, minha mãe, num ato de desespero, falou que eu deveria estar contente com a morte do irmão, porque seria o único herdeiro. Nunca esqueci o acidente. De fato, quando Francisco caiu, eu gritei desesperado seu nome.

— O senhor acredita em mim? — perguntei.

— Poderia dizer que você é um paranormal, que conseguiu ver de alguma forma o acontecido no local ou em minha mente. Porém, principalmente hoje, não estava pensando nisso. Quando te vi, somente lembrei de Clara. Já ouvi falar de reencarnação. Agora vou acreditar nesse fato.

E conversamos mais descontraídos sobre o assunto. Recomendei livros para que lesse. Somente quando passamos a falar sobre o Espiritismo que a mãe da minha primeira esposa voltou à sala com a bandeja de café.

– Que café gostoso! – elogiei. – Vou embora. Obrigado por terem me recebido. Foi um prazer revê-los.

Abraçamo-nos. Quando me despedi do senhor Otávio, disse-lhe baixinho:

– Perdoe-se!

O sábado foi muito bom, senti-me tranquilo. Conheci a namorada do meu pai, gostei dela. Revi parentes e amigos e voltei no domingo.

Contei tudo a Nívea. Resolvemos nos tornar espíritas. Passamos a frequentar o centro espírita, levamos as meninas na Evangelização Infantil e passamos a participar de trabalhos voluntários.

– Ricardo – disse Nívea –, penso que devemos agradecer a Clara por ter nos dado a oportunidade de conhecer o Espiritismo. A melhor coisa que me aconteceu por isso foi compreender as diferenças entre as pessoas. Amo mais a Deus por esse motivo. O Pai Amoroso não nos criou diferentes: somos nós, pelas nossas atitudes, que nos modificamos. Incomodava-me tanto pensar que existem ricos e pobres, uns jogam alimentos fora, e outros passam fome. Agora entendo que tudo isso é um precioso aprendizado.

E tudo voltou a ser tranquilo.

O senhor Otávio me mandou um lindo cartão e nele estava escrito somente: "obrigado". E passamos a trocar cartões de aniversários, Natal e Páscoa.

Passaram-se uns meses...

☙

Comecei a ter a sensação de que ia desencarnar. Sabia que todos retornamos ao mundo espiritual. Mas a sensação era de que ia fazer logo esta grande e importante mudança. Pensei em muitas possibilidades para justificar o que estava sentindo. "Será que estou tendo esta sensação porque desencarnei muito jovem na minha outra existência? Ou é porque meu espírito sabe mais ou menos a época que me foi marcada para voltar ao Além?"

Não comentei com ninguém sobre isso. Precavido, tomei umas providências, fiz seguro, passei a contribuir com outra previdência e deixei meus documentos em ordem.

Um dia, no trabalho, tudo seguia como sempre, normal. Quando tocou o alarme, estava sozinho na sala de controle. Rapidamente, fui ver o que estava errado e vi que estávamos tendo um curto-circuito, uma pane muito grave na eletricidade. Tínhamos que sair rápido do prédio. Sabia que três companheiros estavam no porão. Precisava tomar uma decisão rápida, sair ou avisá-los. Não hesitei, desci depressa e, no terceiro degrau, ouvi um tremendo barulho na sala de controle, uma explosão. Ficamos os quatro no porão por duas horas até os bombeiros controlarem o fogo no prédio. Nada aconteceu conosco, nenhum trabalhador se feriu.

– Ricardo – disse um amigo que ficou comigo no porão –, se você tivesse tentado sair, teria sido eletrocutado.

— Pensei em avisá-los — respondi.

De fato, se tivesse saído, não teria tido tempo, teria sido eletrocutado. Aí pensei que teria desencarnado se tivesse escolhido o egoísmo, pensando somente em me salvar. Mas, ao tentar salvar meus três companheiros, nada aconteceu comigo. Talvez, concluí, fosse mudar de plano naquele dia, porém, como agi corretamente, foi-me permitido ficar mais tempo encarnado. Senti-me aliviado.

Mas esse alívio durou pouco tempo. Logo a sensação de que não iria demorar para desencarnar voltou forte. Continuei deixando tudo preparado. Meu pai partiu para o Além. Aí pensei que a sensação não era para mim, era para ele. Mas continuei a sentir que logo mudaria de plano.

Escutei muitas pessoas afirmarem que gostariam de saber quando iriam desencarnar. Mas não é bom, não é nada agradável sentir a aproximação da morte do corpo carnal.

Sofri um infarto numa manhã de inverno e foi fatal para meu físico, que parou suas funções. Fui socorrido, e meu espírito foi levado para um posto de socorro espiritual, onde dormi por dias. Acordei, lembrei-me da dor e observei bem o lugar em que estava. Um senhor aproximou-se de mim e perguntei:

— Onde estou? *Que lugar é este?* " *Mudei de plano?*"

— *Você está bem? Quer alguma coisa?* — indagou o senhor.

— *Saber, se possível, o que está acontecendo* — pedi.

— *Você está no Abrigo Esperança, um posto de socorro localizado no plano espiritual* — respondeu o senhor.

Lembrei que adormecera após ter sentido a dor forte. Embora sabendo que meu corpo físico estava morto, quis me iludir.

– *Não desencarnei!* – exclamei.

O senhor sorriu para mim. Levantei e andei pelo quarto, olhei a janela, vi um bonito jardim. *"Estou sonhando"*, pensei. *"Devo voltar ao meu quarto e então acordar. Devo ter me afastado em perispírito do meu corpo físico enquanto dormia e vim até, para este lugar desconhecido. É hora de voltar!"*

Mas nada aconteceu, continuei no quarto. O homem me explicou:

– *Ricardo, seu corpo físico parou suas funções há dezesseis dias. Você veio para cá trazido por amigos espirituais, trabalhadores do centro espírita que frequentava.*

– Então, desencarnei mesmo?

– *Sim. Seu corpo sofreu um infarto.*

– *Tempo vencido! E minha família?* – quis saber.

– *Sofreram e sentem muito a separação. Mas a Doutrina Espírita a consola muito, as três – sua esposa e filhas – estão unidas e oram muito por você. Está precisando de alguma coisa?*

Disse-lhe que não. O senhor saiu e fiquei sozinho. Sabia que era verdade, deveria ter mesmo desencarnado, mas preferi pensar que poderia estar sonhando. *"Se sonho"*, concluí, *"o melhor é voltar para casa e acordar. Para isso, é só pensar querendo muito"*.

Concentrei-me, quis muito ir para casa. Precisei pensar por minutos, concentrar-me bastante, e aí voltei para meu lar.

Nossa casa estava como sempre. Olhei as horas no relógio: naquele horário, elas deveriam estar na escola. Deitei-me na cama, andei pelos cômodos. Escutei um barulho, elas estavam chegando. Corri para a sala e as esperei sorrindo. Passaram por mim sem me ver. Abracei Ana Cláudia e nada aconteceu, minha filha não sentiu o abraço. Fiquei parado, olhando-as conversar.

– Mamãe – contou Ana Cláudia –, Martinha chegou de viagem ontem e não sabia que papai faleceu.

– Faz dezesseis dias! – exclamou Nívea, suspirando. – Mas estamos seguindo as orientações que recebemos dos nossos amigos espíritas e vamos continuar desejando que Ricardo esteja bem, feliz e se adapte logo ao plano espiritual.

– E também para ele não se preocupar conosco – interrompeu Ana Elisa. – Não nos desesperamos para ele ficar bem. Somente choramos de saudades, mas isso não irá perturbá-lo. Sou grata a Deus por ter tido o pai que tive e por saber que ele será sempre o meu paizinho.

Mudaram de assunto. Eu continuei parado, não conseguia nem me mexer.

– É real! Morri! Vim para o *Além!* – exclamei.

"*Devo voltar rápido para onde estava*", pensei. "*Se não, irei sentir perturbação e perturbá-las. Vou tentar voltar ao posto de socorro.*"

Concentrei-me, esforcei-me muito, e nada, continuei no meu ex-lar terreno.

"*Em caso de aperto onde devo ir?*", pensei e concluí: "*Com toda a certeza, nesta situação, ao centro espírita!*".

Aproveitei que a porta e o portão estavam abertos, pois Ana Cláudia conversava com uma amiga em frente à casa, para sair e pedir ajuda. Ao passar por minha filha, senti vontade de parar e escutá-las, mas somente olhei para ela. Sabia que não deveria ficar, tinha conhecimento de que, não tendo permissão para visitá-las, iria me perturbar e prejudicá-las. Elas não mereciam. Lágrimas escorreram pelo meu rosto, enxuguei-as e fui caminhando rumo ao local onde nos reuníamos para orar. Temi. Sabia que um desencarnado, sem saber como viver na espiritualidade, ao vagar, poderia ser alvo de espíritos zombeteiros e maldosos. Poderiam me aprisionar e levar-me para o umbral. Ao pensar nisso, arrepiei-me, senti muito medo e andei rápido.

Cheguei ao prédio onde se localizava o centro espírita, que, nos últimos anos, eu frequentava. Estava fechado, bati na porta e nada. Insisti, um homem apareceu diante da porta fechada.

– *Por favor, preciso de ajuda* – roguei.

– *Entre!*

Pegou com delicadeza minha camisa e me puxou. Passei pela porta fechada. Entrei.

– *Sente aí e espere* – pediu o senhor.

Aquele homem era como eu, sobrevivente do corpo carnal morto. Sabia que, quando passamos a viver no mundo espiritual, podemos passar pelas construções do plano físico – isso desde que se aprenda. Sentei numa cadeira material, a mesma onde costumava sentar quando ia ali. Esforcei-me para me acalmar e fui me tranquilizando. Orei agradecendo a Deus por estar protegido.

— *Boa tarde, Ricardo!*

Assustei-me e olhei para a senhora que me cumprimentava sorrindo.

— *Boa tarde* — respondi. E pedi: — *Preciso de ajuda. Saí do abrigo ao qual fui levado. Não acreditei quando me contaram que viera para o Além. Saí sem permissão e não consegui voltar. Fui à minha casa e aí percebi que mudei de plano. Vim aqui para ser novamente socorrido. Desculpe-me!*

A senhora pegou minha mão.

— *Ricardo, aceite a desencarnação! Não agiu certo ao sair do posto de socorro, mas agiu com sabedoria ao vir aqui pedir auxílio. Logo mais teremos uma reunião. Você ficará conosco. Depois um grupo de trabalhadores irá para a colônia e você irá com eles. Venha comigo, você deverá aguardar em outro local. Nós, que agora vestimos somente o perispírito, não ficamos junto com os encarnados.*

A senhora pegou na minha mão e então vi que, além do espaço físico do prédio, havia outra construção. Subi a escada e vi outra sala.

— *Fique aqui* — recomendou a trabalhadora do centro espírita. — *Tenho muito trabalho a fazer. Nesta bandeja, temos sucos e pães. Se quiser, alimente-se.*

Tomei sucos e me alimentei, depois me sentei numa cadeira confortável. Chegaram outras pessoas, outros desencarnados.

– *Senhor Alberto! O senhor por aqui?* – perguntei, ao ver um homem que eu conhecera e que falecera havia uns três anos. Ele me olhou, observou e indagou:
– *Eu o conheço?*
– *Sou Ricardo, o esposo da Nívea.*
– *O que está fazendo aqui? Morreu também?*
– *Sim. E, como o senhor, continuo vivo* – respondi.
– *Eu já estava velho, mas você ainda é jovem. O que faz aqui?*
– *Vim pedir ajuda, e o senhor?*
– *Trouxeram-me* – o senhor Alberto explicou – *porque eu estava novamente na casa de minha filha. Aquela ingrata! Quando estava vivo, era muito atenciosa comigo, boa filha, cuidou de mim. Eu morri, ela chorou, ficou muito triste, até me chamou. Eu fui, e então ela pediu auxílio para me tirar de lá. Não é um absurdo?*
– *Estou pensando, senhor Alberto, que temos, depois que o nosso corpo físico morre, de viver em lugar próprio. Sua filha não é ingrata, penso que ela continua sendo boa, querendo seu bem, e o senhor somente poderá se sentir bem no lugar onde vivem os espíritos desencarnados.*
– *Pode ser. Mas não gosto de viver com outros mortos.*

Ele foi se sentar longe de mim. Assisti à reunião de estudos dos encarnados. Aprendi naquela noite uma grande lição: não devemos pensar somente em nos modificar interiormente com a desencarnação, porque quando fazemos nossa mudança continuamos a ser os mesmos. Devemos ser, no plano físico, o que desejamos ser no plano espiritual. E conforme tratamos o próximo seremos tratados. Quando a reunião terminou, a senhora que conversava comigo aproximou-se de mim.

— *Venha, Ricardo, você irá para uma colônia, irá com amigos.*

Conheci o aeróbus. Achei-o fabuloso. Ao ler sua descrição, podemos imaginá-lo, mas, ao vê-lo, conseguimos entender o tanto que é especial esse veículo, além de ser também bonito e útil.

Adaptei-me rapidamente à colônia. Primeiramente porque compreendi que era o melhor para mim. Depois, porque é, de fato, um lugar lindo, acolhedor, e fiz amizades. Recebia sempre orações e incentivos de minhas filhas e de Nívea para me adaptar ao plano espiritual.

Foi muito prazeroso rever meus pais e Clara.

— Ricardo — disse Clara —, *quero me desculpar pelo transtorno de ter ido ao seu lar, naquela época, para lhe pedir um favor, e agradecer-lhe por ter me atendido.*

— *Clara, eu que devo me desculpar, não a tratei bem. Também sou agradecido. Devo a você a minha procura para compreender o que estava acontecendo e por ter encontrado o Espiritismo, que facilitou minha vida e também a minha mudança para o Além. Isso foi uma graça.*

— Quero explicar o porquê de ter insistido com você para ir falar com meu pai — Clara me esclareceu. — *Papai sofreu muito com aquele episódio. Ele foi filho único por muitos anos,* sentia ciúmes do irmão mais novo e era repreendido por isso. O acidente foi como você viu e contou ao meu pai. Ele mentiu por medo, disse a todos que, ao chegar na estrebaria, encontrara o irmão caído. Por esse motivo, acreditou no que você disse. Depois do encontro de vocês, papai também procurou o Espiritismo, e isso foi uma bênção para meus pais. Após aquela conversa, meu genitor sentiu-se tranquilo, perdoado e em paz.

– Fui mesmo Francisco? – quis saber.

– Ainda tem dúvida?

– Não – respondi, convicto.

– Ricardo, fiz parte desta história. Na minha encarnação anterior, fui a mãe de Otávio e de você, como Francisco.

– Será que é por isso que nos amamos tanto? – perguntei.

– Devemos aprender a amar a todos – Clara respondeu tranquila, mas suspirou ao lembrar do pai. – Não agi corretamente com Otávio. Por você ser meu filho mais novo, dei-lhe mais atenção, não escondia minha preferência. Julguei Otávio culpado pelo acidente, talvez por intuição. Sofri muito e não me esforcei para reagir. Fiquei deprimida e, num ato de desespero, tomei todos os comprimidos de remédios para dois meses de tratamento e desencarnei. Meu esposo escondeu esse fato de todos, somente ele soube que eu me suicidara. Foi um período muito triste e de sofrimento. Ainda bem que na espiritualidade todos os atos indevidos são analisados com misericórdia. Por estar doente, fui socorrida após um tempo em que fiquei no Vale dos Suicidas. Meu filho Francisco, ou seja, você, me ajudou e voltamos a reencarnar e ficar juntos.

– Isso explica seu retorno tão jovem ao Além – falei.

— Aprendi a dar valor à vida em todos os seus estágios. Recebi uma reação e uma grande lição. Deveria, Ricardo, ter tentado viver na minha penúltima encarnação. Esqueci que Otávio era também meu filho e necessitava da mãe, de mim. Quis morrer pensando que ficaria com meu filho Francisco. E não fiquei. Suicidas normalmente ficam separados de afetos no plano espiritual. Voltei a vestir um envoltório carnal como filha daquele a quem deveria ter amado, confortado e consolado. Por ter deserdado a oportunidade da encarnação, vim nesta minha última roupagem física para retornar jovem. E fiz novamente Otávio sofrer. Mas nada é injusto: meu filho, pai, aprendeu pelo sofrimento.

"Quando Clara mudou para o Além", pensei, "julguei ter sido uma injustiça. Ela estava feliz, tinha tudo o que queria. E tudo acabou com a morte do seu corpo físico". Pensava: "Tantas pessoas querendo morrer, e ela, que não queria, morreu. Agora compreendia. Clara recebeu uma reação, que foi também um aprendizado. Fez Otávio sofrer por duas vezes. Por isso quis minha ajuda, para tentar amenizar o sofrimento dele. E conseguiu".

— Por duas vezes, fui despojado do físico com pouca idade. Como Francisco, era criança; nesta, não cheguei à velhice. Haverá motivos? – quis saber.

— Para tudo temos respostas. Sempre podemos saber por intuição. Isso porque todos nossos atos estão gravados em nós.

— Sinto, Clara, que fui um assassino. Tirei da vida física pessoas que amavam viver e queriam continuar encarnadas. Será que resgatei? – perguntei, preocupado.

— *Podemos também sentir isso. Concentre-se e sentirá se está quite consigo.*

Fiz o que ela me recomendou. Por uns minutos me concentrei e procurei sentir em mim se estava com atos negativos sem repará-los.

— *O que sente?* — Clara perguntou.

— *Que estou quite comigo* — respondi, seguro. — *Não quero ainda lembrar minhas outras existências. Para mim, bastam aquelas que tive como Francisco e Ricardo.*

— *Não devemos nos preocupar com o passado, mas, sim, com nosso presente, para termos um futuro melhor* — Clara me aconselhou.

Despedimo-nos. Mas passamos a nos encontrar sempre e também via todos os meus familiares. Conversávamos e trocávamos informações. Meus pais não estão juntos, preferiram ser amigos. Meu pai amava mesmo sua segunda esposa.

Numa conversa com minha mãe, queixei-me:

— *Mamãe, sinto Nívea diferente. O que será que está acontecendo?*

— *Nívea está com ciúmes de você. Ela está pensando que agora você está com Clara.*

— *Por que isso?* — perguntei rindo.

— *Ainda, infelizmente, somos egoístas. Quando amamos, queremos posse total. Nívea sabia que você amava muito Clara, porém Clara estava morta e você, ao lado dela. Agora, com a compreensão que teve no estudo do Espiritismo, sabe que* a vida continua, que você está no Além e Clara também. Infelizmente, sofre por ciúmes.

— O que faço? Não quero que Nívea sofra. Clara e eu somos amigos.

— Meu filho — mamãe explicou —, *aqui no plano espiritual podemos sempre ver afetos. Mas o melhor é sermos amigos de todos e querer que aqueles a quem amamos sejam felizes. Vemos neste lugar casais que, de fato, são ligados pelo amor sem egoísmo, mas, normalmente, casais aqui se tornam amigos. O sentimento de amizade deve ser sempre expandido. Tive permissão para levá-lo a visitar seu lar terreno e conversar com Nívea. Vamos na semana que vem. Prepare-se.*

Pensei muito. Entendi o que Nívea estava sentindo. Se ela se casasse de novo ou namorasse, precisaria me esforçar para não sentir ciúmes. Não é porque desencarnarmos que mudamos nossos sentimentos. Não deixamos de ser egoístas de repente. Queria muito aprender a viver no Além e me esforçar para ter somente bons sentimentos.

Aguardei, ansioso, a visita ao meu ex-lar. Mamãe voltou comigo. Era noite, e todos dormiam. Entramos no meu antigo quarto. Nívea dormia. Minha mãe deu passes na minha esposa, e ela, em perispírito, deixou o corpo físico adormecido.

— Ricardo! — exclamou. — Você veio me ver! Como está? Sente-se bem?

— *Nívea, estou muito bem. Moro numa colônia. Vim com mamãe. Quero agradecer a você por tudo. Você me fez feliz.*

– E Clara, você a viu? – Nívea perguntou em voz baixa.
– Sim, ela está bem. Mas não estamos juntos. Entendeu? Não estamos juntos. Somos, Clara e eu, somente amigos.
– Como é a colônia? É bonita mesmo?
– É sim, muito bonita.
– Sinto tanto sua falta...

Nívea chorou, e eu também. Mamãe colocou-a de volta em seu corpo físico e me puxou. Fomos à varanda. Vi Ana Elisa sentada no banco. Compreendi que minha filha caçula, que estava com oito anos, deixara seu corpinho adormecido. Ela me viu e sorriu. Abraçamo-nos. Emocionei-me.

– Paizinho, quero que você esteja sempre feliz! Não se preocupe conosco, estamos bem. Sentimos saudades, mas nos consolamos porque somente sente saudades quem ama. Amamos você. Está indo embora?

– *Sim, filhinha, vim aqui somente para uma visita rápida.*
– Ainda bem. Você sabe que não pode ficar aqui conosco, não é?
– *Sei sim, meu bem. Que Deus nos abençoe! Tchau!*
– Tchau!

Ana Elisa me beijou e sorriu tranquila.

Volitamos. Ao chegar à colônia, comentei com minha mãe.

– *Admiro a maturidade de Ana Elisa.*
– *De fato é um espírito que reencarnou para progredir. É uma menina especial.*

Mamãe me contou que, no outro dia, Nívea acordou tranquila e escutou de Ana Elisa:

– Sonhei com papai, e ele está ótimo. Ele nos ama muito.

Nívea sentiu isso, e não deixou mais o ciúme incomodá-la.

Esforcei-me e me dediquei aos estudos, ao trabalho e, quando pude escolher uma tarefa, pedi para ajudar o centro espírita que frequentava quando encarnado. Fui atendido, mas não faria isso em período integral. Ia ao centro dois dias por semana, para auxiliar na sessão de desobsessão, e voltava no outro dia para a colônia com os socorridos. Foi muito bom, aprendi muito, e via sempre Nívea e minhas filhas, que continuaram frequentando o centro espírita.

O tempo passou. Atualmente, trabalho bastante, continuo estudando e faço tarefas no mesmo centro espírita. Nívea não se casou novamente, e as meninas cresceram, são jovens excelentes.

Sou muito grato por tudo que recebi, pelas oportunidades que tive, e uma delas é poder reencarnar. Como assassino no passado, teria de sofrer para sempre. Em vez disso, pela reencarnação, pude aprender, tornar-me um ser melhor e ter o objetivo de melhorar cada vez mais.

oito

MÃOS QUE EMPURRAM

Recebi o nome de Gilda, reencarnei como quarta filha de um casal pobre, mas honesto e trabalhador. Tiveram cinco filhos, somente eu era menina. Minha infância foi normal. Mas, com doze anos, comecei a ter algumas atitudes estranhas. Tudo começou quando matei um grilo. Vendo o inseto morto, falei à minha mãe:

– Sou uma assassina!

– Como?! – perguntou minha mãe, admirada.

– Quem mata não é assassina?

– Querida, você matou um inseto! Assassino é quem mata pessoas.

– Sou uma assassina!

Mamãe riu e não deu importância. Depois desse dia, comecei a pensar que eu matara alguém. Passei a sonhar com uma moça que me chamava de "criminosa", e eu concordava. Sentia ser uma homicida.

Aos treze anos parei de estudar. Cuidava da casa para mamãe trabalhar. Ela era empregada doméstica. Meus irmãos estudavam e trabalhavam. Todos ganhavam pouco.

Tornei-me uma pessoa difícil de conviver. Era revoltada, desejava ter muitas coisas e invejava quem as tinha. Afastei-me das amigas, todas, para mim, eram pobres como eu e sem ambições.

Aos dezoito anos, comecei a escutar uma voz, como se fosse dentro de minha cabeça, dizendo que eu era uma assassina. Quando isso ocorria, ainda bem que era só de vez em quando, ficava nervosa e aborrecida, porque sentia ser uma criminosa.

Não era bonita e nem me cuidava por não ter dinheiro. Determinei que não me envolveria com ninguém a não ser que surgisse em minha vida alguém rico. Saía pouco de casa.

Meu pai ficou doente por dois anos, e eu cuidei dele. Às vezes, não tinha paciência e pensei em matá-lo: "Papai sofre de uma enfermidade incurável que o fará padecer cada vez mais. Mamãe não pode parar de trabalhar, e meus irmãos pensam que eu, por ser mulher, tenho de cuidar dele. Estou cansada! Sou assassina! Mato-o e tudo se resolve".

Mas não o matei. Cuidei dele, embora, às vezes, reclamasse e até o xingasse, como se ele tivesse culpa por estar doente.

Que é a culpa? Uma transgressão. "Culpado", segundo *O Livro dos Espíritos*[5], de Allan Kardec, é aquele que, por um desvio, por um falso movimento da alma, afasta-se do objetivo da Criação, que consiste no culto harmonioso do belo, do bem idealizado pelo arquétipo humano, pelo Homem-Deus, por Jesus Cristo.

Como meditar sobre esses dizeres, naquele momento, me fez bem! Vou voltar à minha história de vida.

Todos nós, familiares, pensávamos que era injusto papai sofrer daquela maneira. Isso normalmente acontece quando se desconhece a Lei da Reencarnação.

Passamos por um período muito difícil. Um dos meus irmãos ficou desempregado; o outro, com a gravidez da namorada, casou e ficou morando conosco. O caçula fraturou a perna. Mamãe continuou trabalhando muito e eu, cuidando do papai.

Quando meu pai faleceu, nossa vida, que era ruim, ficou pior. Tínhamos muitas dívidas, o aluguel da casa estava sem pagar havia seis meses.

Reunimo-nos para encontrar soluções. Meu irmão casado foi morar com a esposa, e o filhinho, na casa dos pais dela. O que estava desempregado arrumou um emprego, mas, não era bom, e decidiu que moraria por uns tempos num alojamento. Os outros dois alugaram um quarto numa pensão. Mamãe foi morar na casa de seus patrões, a casa deles tinha

---

5. *O Livro dos Espíritos*. São Paulo: Petit Editora, Parte 4, Capítulo 2, Questão 1.009.

quartos para empregados nos fundos. Fui junto. Seria também empregada da casa. Fui como arrumadeira.

Repartimos nossos móveis e entregamos a casa com a promessa de pagarmos a dívida em prestações.

Sofri bastante. Para meu orgulho, foi um golpe muito duro ser empregada doméstica, morar num cômodo no quintal e limpar a casa alheia. Em vez de ser grata por ter um teto e um trabalho honrado, revoltei-me.

Tive de aprender a limpar a casa, pois esta era grande e luxuosa, muito diferente da casa simples onde morávamos.

O casal, patrões de minha mãe havia anos, estava na faixa etária de quarenta e cinco anos e tinha três filhos. A mais velha era casada, o moço estudava em outra cidade, e a caçula não parava em casa. O patrão, senhor Haroldo, era educado, não dava palpite no serviço da casa e falava pouco com os empregados. Sua mulher, dona Suzane, era nervosa, tinha crises em que gritava e xingava. Implicava conosco, os "serviçais", como ela se referia a nós. Os empregados eram: minha mãe, eu, uma senhora que vinha duas vezes por semana passar roupas, o jardineiro que, de quinze em quinze dias, vinha limpar o jardim e o motorista que, durante a semana, dormia num dos quartinhos. Mamãe e eu dividíamos o outro.

Um dia, queixei-me à mamãe:

– Como a senhora aguenta dona Suzane?

– Faz dez anos que trabalho nesta casa. Aprendi a conviver com ela. Fiquei aqui pelo salário, pagam bem. Gosto dos filhos deles e penso que eles não ficam em casa pelo gênio da mãe. Fique quieta, Gilda. Não responda, tente ignorar os ataques nervosos de nossa patroa. Quando pagarmos nossas dívidas, poderemos nos reunir novamente, alugar uma casa e arrumar outros empregos.

Pela primeira vez senti pena de mamãe. Ela se sacrificava muito por nós. Dona Suzane tinha dias em que era insuportável. Não gostei nada de morar ali nem do trabalho. Entendi que os ricos também tinham problemas e eram infelizes. Não havia razão para invejá-los, mas os invejava por terem roupas bonitas, por terem empregados e mandar.

Mamãe e eu saíamos pouco. No domingo à tarde, íamos visitar meus irmãos, alguma tia e voltávamos à noite. Não podíamos receber visitas. Mamãe servia o jantar e, quando terminava, íamos para o quarto cansadas e dormíamos para levantarmos cedo.

Resolvi não me queixar e tentar fazer tudo do melhor modo que conseguia, para pagarmos nossas dívidas e nos reunirmos novamente. Tentava ajudar minha mãe, ela trabalhava demais.

Às vezes sonhava com um vulto, que me parecia ser uma mulher me acusando de assassina. Sentia ser uma. Quando tinha esse sonho, ao acordar, ficava a sensação de que empurrava alguém de uma janela alta. E passei a escutar: *"Assassina! Você merece ser empregada! Não foi uma senhora? Não roubou o meu lugar?".*

Essa voz, que ecoava na minha cabeça, começou a me incomodar. Às vezes respondia, falando baixo:

— Não sou! Não me amole! Não serei empregada para sempre! Mato-a! Assassina é você! — Não necessariamente nessa ordem.

Todos da casa, patrões e empregados, já haviam me escutado falando comigo mesma. Dona Suzane me humilhava muito por esse motivo, e ria de mim.

— Você é louca, Gilda! Doida varrida! Saia daqui e vá resmungar em outro lugar. Não a enxoto de minha casa por causa de sua mãe. Ela não é boa empregada, mas cozinha bem.

Infelizmente, dona Suzane sabia ofender e humilhar. Muitas vezes, ofendida, eu ia para o quarto chorar, e ainda escutava na minha cabeça: *"Bem feito! Você merece! Assassina!"*.

Três anos se passaram, pagamos as dívidas, mas outras dificuldades vieram: outro irmão se casou, o filho dele nasceu doente e tivemos de ajudá-lo. Meu mano caçula mudou-se para longe, não tínhamos mais como reunir a família, e mamãe e eu não sabíamos o que fazer.

— Estou velha – minha mãe se queixava. – Como irei arrumar outro emprego? Você não estudou e terá dificuldades para achar outro melhor e ganhar o suficiente para me sustentar.

Um dia de manhã, como de costume, levantei-me, troquei-me e fui ao jardim pegar o jornal. Deparei-me com dona Suzane caída, ela sangrava em várias partes do corpo. Olhei para cima: a casa era um sobrado, e a janela da salinha estava aberta.

Tive uma visão como um relâmpago. Eu empurrando alguém, uma mulher, de uma janela. Gritei e depois falei repetidas vezes:

– Eu matei! Sou assassina!

Vieram todos da casa e os vizinhos para ver o que estava acontecendo, e foi uma confusão. Assustadas, muitas pessoas gritaram. Alguém constatou que dona Suzane estava morta.

Eu escutava em minha mente: "*Assassina! Agora pagará!*".

E eu repetia:

– Matei! Assassina! Matei!

Médicos, polícia e tumulto. Minha mãe chorando desesperada, e eu em estado de choque. Um médico me receitou um remédio e fui presa.

Não investigaram. Para os policiais, tudo estava resolvido. Dona Suzane falecera pela queda e por ter fraturado o pescoço. Eu a havia matado empurrando-a pela janela.

Três dias depois acordei melhor, mas não sabia o que havia acontecido. Mamãe foi me ver.

– Não me lembro de nada, mamãe – falei.

Ela me contou tudo que sabia e lamentou:

– Sabendo como dona Suzane era, não deveria tê-la levado para aquela casa. Deveríamos ter nos mudado quando pagamos nossa dívida. Estou arrependida!

– Não lamente, mamãe. Não me lembro como fiz e nem como foi, somente que a empurrei da janela. Mas parece que era outra janela, muito grande e de cor diferente.

Fiquei presa numa delegacia que possuía doze celas e uma somente destinada às mulheres. Fiquei numa cela com mais duas detentas. Uma presa por roubo e outra por ter matado o marido. Estava ainda em estado de choque, quieta, agia automaticamente. Uma das companheiras passou a me ajudar: "Sente aí e coma!", "Tome banho!", "Lave o rosto!".

Eu obedecia. Meus familiares me visitavam, e mamãe ia todos os dias me ver. Ela falava, e eu escutava. Raramente falava algo. Quando falava, dizia:

— Ela morreu! Caiu! Sentiu dor! Sou assassina!

Mamãe chorava, abraçava-me e pedia:

— Pare de falar assim, por favor! Não repita mais isso!

Melhorei depois de um mês. Comentei com as companheiras de cela:

— Não me lembro de nada. Não sei como fui à salinha, como entrei na casa e nem se vi dona Suzane. Recordo-me que levantei, como fazia todos os dias, fui ao jardim pegar o jornal e a encontrei caída, sangrando. Olhei para a janela aberta e gritei.

— Você não se lembra que a empurrou? — perguntou uma das detentas.

— Isso eu lembro. Empurrei-a!

Mamãe me contou quando veio me ver:

— Gilda, minha filha, contratei um bom advogado para defendê-la. Ele não cobrou caro e continuo trabalhando com o senhor Haroldo. Sem a dona Suzane, o trabalho naquela casa está bem mais fácil. Pensei que ia ser dispensada, mas o senhor Haroldo me pediu para ficar. Ninguém sentiu a morte dela.

O advogado me visitou várias vezes e me fez muitas perguntas. O julgamento foi quatro meses depois. Emagreci muito e estava nervosa. Aqueles meses na prisão foram de muito sofrimento. Escutava presos serem surrados, ouvia gracejos grosseiros dos detentos, sentia medo e me esforçava para não dizer que era assassina. Continuei ouvindo na minha mente que matara, mas não repetia mais. Lembrava que empurrava uma mulher e sentia o impulso dos meus braços, o encostar de minhas mãos em suas costas.

O dia do julgamento chegou. Meu advogado esforçou-se muito na minha defesa. Até as testemunhas não me comprometeram. O senhor Haroldo disse que a esposa era uma pessoa difícil, que humilhava e ofendia a todos, principalmente os empregados. A filha caçula, que morava na casa, confirmou. O advogado de acusação não me acusou, parecia me defender. Mas o promotor disse coisas horríveis, acusou-me, me ofendeu. Não consegui me conter e exclamei alto:

– O senhor não precisa dizer que sou cruel, um perigo para a sociedade, que tenho taras. Sou assassina e pronto! Vá o senhor para o inferno!

Meu advogado quase que me tampou a boca para que eu me calasse. Fez silêncio até que o promotor falou:

– De fato, não preciso falar mais nada! Os senhores jurados já escutaram o suficiente.

Fui condenada a doze anos de prisão. Ia ser transferida para uma penitenciária feminina localizada longe da cidade em que morávamos. Meus familiares se despediram de mim, e mamãe pôde ficar mais horas comigo. Ela me contou:

— O senhor Haroldo já arrumou uma namorada. Escutei que eles eram amantes há anos. Irá vender a casa. A filha solteira vai morar sozinha num apartamento. O patrão me disse que irá me pagar um salário enquanto eu viver, mas infelizmente não irei mais trabalhar para eles. Gilda, foi o senhor Haroldo que me deu dinheiro para pagar o advogado e me pediu segredo. Ele me disse que, para você ter feito o que fez, dona Suzane deve tê-la maltratado muito. Penso que você fez um favor a ele. Ficou viúvo e rico. Aceitei o que ele me propôs. Vou, no final de semana, para casa do meu filho Júlio.

Nossa despedida foi muito triste. Três dias depois do julgamento, fui transferida. Surpreendi-me muito ao ver a penitenciária. O prédio era muito grande, um local feio, fechado e frio. Senti a frieza da indiferença, do desprezo por mais uma criminosa.

Fui conduzida à cela, ia dividi-la com outra presa, que se apresentou:

— Sou a Janete. Aqui, companheira Gilda, será o seu castelo, sua casa; o quarto, seu trono. Seja bem-vinda!

Sorri em agradecimento e olhei aquele quadrado onde havia dois lugares para dormir, uma mesinha de cimento, uma repartição na parede para colocar alguns objetos e, num canto, um chuveiro e o vaso sanitário.

"*Estou me despedindo de você. Pagando pelo que me fez, posso agora cuidar de minha vida. Sofra bastante! Adeus, sua assassina!*": era a voz que escutava sempre dentro da minha cabeça. E realmente nunca mais a escutei.

☙

Fiquei apática, não conversava, fazia o que mandavam, estava muito magra porque me alimentava pouco. Mamãe me escrevia todas as semanas. Recebia também cartas dos meus irmãos, cunhadas, de duas tias e de primos. Respondia procurando não me queixar. Ouvia indelicadezas das companheiras do presídio e não respondia.

Mamãe também não se queixava, mas sentia que ela não estava bem morando com meu irmão. Fazia sete meses e dezoito dias que estava na penitenciária quando recebi uma carta do meu irmão me dando a notícia que mamãe falecera. Contou que ela estava indisposta à noite, e, no outro dia, como ela não levantou, foram ao seu quarto e a encontraram morta. O enterro foi no mesmo dia, à tarde.

Chorei muito, algumas colegas tentaram me consolar. No outro dia, acordei revoltada. Comecei a revidar as ofensas, a discutir e a brigar. Bati e apanhei muito. Nunca brigara antes, e, ali, estava no meio de pessoas muito diferentes. Por causa de um murro, quebrei dois dentes da frente. Por quatro meses, tornei-me insubordinada. As dores físicas dos machucados eram bem menores do que a dor moral de estar presa, longe de todos e sabendo que não iria ver mais minha mãe.

Numa noite, tive um sonho que me pareceu ser real. Mamãe me abraçou e pediu:

– Gilda, minha filha, não se revolte! Aqui, todos erraram e pagam pelos seus erros. Tenha paciência! Revolta e desespero somente pioram nossos padecimentos.

Naquela tarde fui conversar com Joana, uma mulher que estava presa havia oito anos e era conselheira de todas, uma pacificadora de ânimos. Todas gostavam dela e a respeitavam. Contei a ela meu sonho.

– Gilda – disse Joana –, podemos receber visitas das pessoas que morreram, porque o espírito continua vivo. Sua mãezinha, com certeza, está preocupada com você pela sua atitude. Pare de brigar. Você não dá para isso. Trabalho na enfermaria, vou pedir ao médico que nos atende para você me ajudar. Trabalhando, o tempo passa rápido, e você se sentirá melhor.

Mesmo sem vontade, fui ajudar Joana. Aí tudo melhorou. Não tinha mais tempo para brigar. Ignorei as provocações, passei a ler livros da biblioteca, a ajudar na cozinha e voltei a escrever cartas, mas estas eram raramente respondidas. Para ter dinheiro para selos, envelopes e papel, fazia faxina nas celas daquelas que podiam me pagar.

Joana e eu nos tornamos amigas e conversávamos sempre. Ela também me deixava ouvir as conversas que mantinha com as detentas e escutar os lamentos e queixas das outras companheiras. Depois me explicava como resolvera ou ajudara aquela que lhe pedira conselhos.

— Gilda, esta presa queixa-se do ex-marido. Ela está presa porque matou a amante dele. Lamenta sua imprudência. Seus dois filhos estão com seus pais, o ex-marido vai vê-los raramente. Ele não a visita e está morando com uma moça por quem diz estar apaixonado. Aconselhei-a a não sentir mágoa ou rancor, em oração pedir perdão à mulher que matou e a escrever sempre para os pais e filhos. E também a cumprir a pena ficando longe de confusões, estudando, lendo bons livros, aprendendo a trabalhar e, ao sair daqui, pensando mais nela e nos filhos.

— Que imprudência assassinar a amante do marido! — exclamei. — Este ato somente piorou sua situação.

— Não podemos matar ninguém, Gilda. É uma falta grave privar um espírito de viver aqui na matéria. Mata-se o corpo, mas não se mata a alma, o espírito. Eu matei! Arrependi-me!

— Joana, conte-me o que lhe aconteceu — pedi.

— Meu marido me batia muito. Quando fomos morar juntos, ele tinha dois filhos de outro relacionamento, que moravam com ele. Gostei das crianças e as tratava bem. Seis meses depois de estarmos juntos, percebi que ele era cruel e gostava de bater. Sem motivo, surrava os filhos e a mim. Um dia, flagrei-o tentando estuprar seu filho de oito anos. Interferi, ele me surrou, eu peguei uma faca e o matei. Vim para cá condenada a dezesseis anos de reclusão e as crianças foram para um orfanato.

— Não é tempo demais de condenação para quem se defendeu? — perguntei.

– Por ser pobre, não tive como pagar um bom advogado. E o que me defendeu não se empenhou. O advogado de acusação, bom profissional, pago pela mãe dele, distorceu os fatos, afirmou que eu dava motivos para as brigas e que era mentira a tentativa de estupro. Chamou-me de criminosa, uma assassina cruel que esfaqueou o companheiro sem piedade.

Ficamos caladas por uns minutos. Depois, Joana me pediu:

– Conte-me com detalhes o que você fez para vir para cá.

– Não recordo direito. Explicaram que eu devo ter apagado de minha mente os instantes em que a matei. Lembro de que me levantei no horário de costume, fui pegar o jornal e me deparei com dona Suzane caída e a janela aberta da salinha do andar de cima. Aí gritei.

– Será que você, antes de ir ao jardim, entrou primeiro na casa? – perguntou Joana.

– Não sei. Mas lembro que empurrei alguém. Sinto nas mãos a sensação do empurrão. Por isso gritei que era assassina.

– Gilda, esforce-se para se lembrar de mais detalhes. Você se lembra de como a mulher que empurrou estava vestida?

– Não tenho certeza – respondi –, mas parece que a mulher estava com roupa comprida.

– Isto é importante! – exclamou Joana. – Será que dona Suzane morreu vestida de camisola comprida? Esforce-se para lembrar. A janela era grande ou pequena?

— A janela de que recordo ter empurrado a mulher era grande e de cor escura.

— Como era a janela desta salinha de onde dona Suzane caiu? — quis Joana saber.

— Pequena e pintada de branco.

— Gilda, não acredito que você tenha matado essa dona Suzane. Você se confundiu.

— Confundi-me como? — perguntei.

— Com um sonho, com algo que você tenha lido ou com um fato que tenham lhe contado. Por que você não escreve para o seu irmão e lhe indaga sobre como dona Suzane estava vestida e a que horas ela morreu?

Fiz isso, e meu irmão respondeu contando que dona Suzane havia morrido, segundo a perícia, entre meia-noite e duas horas da manhã, e ela estava vestida com uma saia preta curta e uma blusa colorida. Respondeu também que mamãe afirmava não ter visto eu me levantar, mas não pôde testemunhar por ser minha mãe. Ninguém escutou nada. O senhor Haroldo disse que a esposa costumava ficar até tarde da noite na salinha, por sofrer de insônia, onde ficava escrevendo, lendo ou bordando. Ninguém escutou nenhum barulho. A conclusão a que chegaram foi: eu levantei, fui à salinha, fui humilhada e a empurrei pela janela. Como eu disse ser a assassina, não houve mais nenhuma investigação.

Joana leu a carta várias vezes e concluiu:

— Gilda, você não matou dona Suzane! Não faria isso e se esqueceria. Você disse que sua patroa falava alto e, quando ofendia, gritava. Alguém teria escutado se ela a tivesse xingado. Os que dormiam na casa teriam acordado com a voz dela e, acordados, escutariam o barulho da queda. Se todas as noites a casa era fechada, seria necessário, para abri-la, pegar a chave guardada na lavanderia, o abrir e fechar de portas acordaria sua mãe e o motorista, que dormia no quarto ao lado.

– Que faço? Como provar minha inocência? – perguntei aflita.

– Nada – respondeu Joana. – Para abrir um inquérito, você precisaria de um bom advogado, que cobraria caro, e também de uma prova concreta. Como não tem, é melhor cumprir o resto de sua pena.

Não tinha mais certeza de nada. Poderia não ter matado dona Suzane e não queria tê-lo feito. Mas, muitas vezes, olhando minhas mãos, sentia a sensação do empurrão.

Joana ficou doente, faleceu, e todas nós sentimos. Fiquei em seu lugar. Aprendi com essa amiga a agir corretamente e a fazer o bem. Escutava desabafos e aconselhava, fazia companhia quando uma delas estava com problemas, ajudava-as quando doentes. Era muito heterogênea a população penitenciária. Ali estavam pessoas boas que erraram e outras, más, que agiram por maldade e prazer, porém todas tinham problemas, gostavam dos familiares e sofriam. A prisão foi para mim uma grande lição: deixei de ser orgulhosa, invejosa e me tornei uma pessoa melhor.

Doze anos se passaram. Ia ser solta em dois meses. Escrevi para meus irmãos. Um deles me respondeu, disse que não era possível me buscar por ser longe, e a viagem ficaria cara. Reuniram então todos os familiares, que colaboraram, e ele estava me mandando dinheiro para viajar, dizendo também que me receberia em sua casa.

As amigas, companheiras, deram-me informações de como deveria fazer para voltar à minha cidade natal. Não tinha nada para levar, a roupa guardada no presídio era velha. Ganhei saia e blusa. A filha de uma das minhas companheiras foi à rodoviária, trouxe-me os horários de ônibus e me explicou como deveria fazer para ir até o terminal. Fiquei contente com a demonstração de carinho de muitas detentas para comigo. Entendi que sempre recebemos o retorno, até de pequeninos atos, do bem que tentamos fazer.

Aguardei ansiosa pela liberdade, mas senti também receio. Depois de tanto tempo confinada, a liberdade dá medo. Penso que é como a morte do corpo. A alma presa no envoltório carnal, com tantos limites, ao se ver sem eles, livre, perturba-se e se confunde. Penso que são poucos os que encaram a desencarnação com maturidade.

Despedida é sempre triste. Abracei uma por uma minhas companheiras, agradecendo os votos para que tudo desse certo para mim e desejando a elas muita paz. Quando o portão se fechou atrás de mim, por instantes quis voltar. Tinha escrito numa folha de papel tudo o que devia fazer. Segui as recomendações e deu certo, embora tivesse ficado apreensiva. No entanto, a viagem de ônibus foi prazerosa. Agradeci muitas vezes a Deus pela paisagem que estava vendo. Três dos meus irmãos esperavam-me na rodoviária. Abraçamo-nos emocionados. Todos nós estávamos mudados, envelhecidos. Estávamos saudosos. Foram anos sem nos ver. Não recebi visitas enquanto estive na penitenciária.

Fui para a casa de um deles. Eles planejaram que eu ficaria um mês com cada um. Planejaram por mim. Senti logo na primeira noite que incomodava. Compreendi a razão deles. Ninguém gosta de ter junto a si uma assassina. Envergonhavam-se e, inconscientemente, tentavam justificar e até esconder de vizinhos e amigos que eu havia estado presa. Alguns familiares vieram me ver, e todos queriam saber como era viver numa penitenciária e se eu havia me arrependido. Pelas conversas, soube que uma irmã de minha mãe estava num asilo. Quis revê-la. Minhas cunhadas e algumas primas me deram roupas e, no domingo, fui sozinha ao asilo. Lá me informaram que minha tia tinha falecido havia três meses. Pedi para trabalhar ali, não escondi da diretora onde havia passado os últimos doze anos. Ela me empregou. Alívio para todos. Mudei-me para o asilo, teria um quartinho para morar. O ordenado era pouco, mas, para mim, estava bom.

Fazia a limpeza na casa, mas, ao perceberem que eu tinha jeito para cuidar dos velhinhos doentes, fui promovida e passei a cuidar deles. Assim que consegui guardar um dinheiro, fui ao dentista, coloquei próteses nas duas falhas e fiz um bom tratamento dentário.

Ia pouco às casas dos meus irmãos, que se sentiram aliviados por não terem que ficar comigo. E eles não iam me visitar.

Soube que o senhor Haroldo casou-se logo depois de ficar viúvo, e eles estavam bem.

Estava empregada havia oito meses quando fiquei sabendo, depois de duas semanas, que uma das minhas sobrinhas havia se casado. Fiquei triste por não ter sido convidada, mas compreendi que eles não queriam por perto uma irmã e tia assassina.

No asilo, comentaram, logo que fui trabalhar lá, que eu era ex-presidiária. Muitos se lembraram do crime. Percebi que alguns idosos sentiam medo de mim. Não me importei, compreendi e me esforcei para agradá-los. Tinha, como os idosos diziam, mão boa para aplicar injeções. Meses depois, parentes dos internos reclamaram: eles não queriam que uma assassina cuidasse de seus parentes. A diretora ficou chateada e comentou:

– Colocam os parentes aqui e ainda querem fazer exigências sobre quem cuidará deles. Por que eles não ficam com seus idosos?

Conversei com ela.

– Deixe-me cuidar da horta, assim ninguém reclamará. Não quero perder este emprego.

– Nada disso! – exclamou uma interna que ouvira a conversa. – Quero você para me aplicar as injeções. Por favor!

– Vamos fazer o seguinte – determinou a diretora do asilo –: iremos perguntar quem quer ser cuidado por você. E você, Gilda, aplicará injeções, cuidará daqueles que a quiserem. Daqueles que disserem que preferem outra pessoa, você nem chegará perto.

E assim ficou resolvido. Metade afirmou que queria meus cuidados. Meses depois, o assunto foi esquecido e voltei a cuidar de todos os doentes.

Mas o erro cometido marca e, durante o tempo em que trabalhei no asilo, escutava sempre comentários: "Gilda é a assassina da dona Suzane", "é uma ex-detenta", "ela matou uma pessoa". E também ouvi pessoas tentando me justificar: "Mas a mulher era impossível", "infernava a vida de todos", "nem a família gostava dela".

Não me importava, e quando me perguntavam sobre isso, respondia com sinceridade e mudava logo de assunto.

Concentrei-me no trabalho. Tornei-me querida, todos gostavam de mim. As ex-companheiras do presídio me escreviam, eu respondia e mandava a elas papéis, selos, envelopes, livros e revistas.

Dez anos se passaram...

&

Contraí pneumonia e tive de ser internada. O médico que me atendeu, depois de alguns exames, afirmou que estava muito enferma, meu coração estava com os batimentos muito fracos e falhando. Foram muitas complicações. Depois de cinco dias internada, meu corpo físico parou suas funções e desencarnei. Para mim, foi como mudar de um hospital para outro bem melhor. Surpreendi-me pela melhora rápida e por não tomar mais injeções. Estranhei somente sentir que oravam por mim, e quem orava eram meus idosinhos do asilo.

Por demorar para ter alta, não receber visitas e querer muito voltar a cuidar dos meus velhinhos, comecei a fazer perguntas. E quando soube que meu corpo carnal havia morrido e continuava viva no plano espiritual, não acreditei, preocupei-me e senti medo. Minha vontade era me esconder debaixo da cama. Não conversei mais nem respondia às perguntas que me faziam. Por três dias fiquei assim. Então recebi uma visita. Era minha mãe.

Abraçamo-nos apertado.

– Que saudades! Mamãe! Mamãezinha!

Ela pegou minhas mãos e nos sentamos no sofá.

– Gilda, filhinha, preste atenção no que vou lhe dizer. A vida é única, nosso espírito estagia ora no plano físico, como encarnado, ora desencarnado, no plano espiritual. Tudo que Deus fez, faz, é perfeito e simples. Como são também nossos ciclos evolutivos. Nascemos, morremos e, em espírito, voltamos várias vezes a vestir o corpo carnal num processo que chamamos de "reencarnação". Gilda, não sinta receio, você mereceu ser socorrida, está bem, e aqui poderá estudar, aprender muitas coisas realmente interessantes e continuar sendo útil.

Conversamos por horas, não queria que ela se afastasse de mim, senti medo de ficarmos novamente separadas. Nos dias seguintes, mamãe me levou para passear, conhecer a colônia, achei o lugar maravilhoso. Recebi também algumas visitas de ex-internos do asilo. Estava alegre, feliz.

Joana veio me ver.

– Gilda, fui socorrida quando desencarnei. Fiquei muito agradecida. Lembrei que Jesus perdoou todos que O crucificaram e me senti perdoada por Deus. Disseram que mereci o socorro porque fiz o bem, caridade moral, dei de mim quando ajudei o próximo.

– Seu ex-companheiro a perdoou? – perguntei.

– Ele estava sofrendo no umbral quando nos reencontramos – respondeu Joana. – Pude socorrê-lo, ajudei-o. Ele ficou pouco tempo num posto de socorro, quis reencarnar e foi concedido seu retorno ao plano físico. Meu ex-companheiro me contou que sentiu muito ódio de mim por ter matado seu corpo carnal e por ele sofrer, *porém, com o tempo, entendeu que padecia pelos seus erros, perdoou-me e me pediu perdão.*

Quando fiquei sozinha, pus-me a pensar na dona Suzane. E quis muito o seu perdão. No outro dia, quando mamãe veio me ver, pedi isso a ela. Minha mãe sorriu, ia dizer algo, porém pensou um instante e respondeu:

– Gilda, *vou pedir autorização. Certamente a teremos e então levarei você para visitá-la.*

Dois dias depois, mamãe me levou para vê-la. Fomos volitando, ou seja, ela volitou comigo. Senti medo e um frio na barriga, mas acabei me divertindo e rimos muito.

Dona Suzane estava num posto de socorro, como mamãe me explicou, e eu estava abrigada numa colônia. Para mim, tudo era novidade, e, às vezes, mamãe precisava me puxar, por parar admirada olhando tudo.

No jardim do posto de socorro, dona Suzane nos esperava. Cumprimentou-nos sorrindo e pediu para chamá-la somente de Suzane.

– *Como você está bem, Gilda! Alegro-me em vê-las* – disse Suzane.

– *Pelo carinho com que está nos recebendo, concluo que me perdoou* – disse. – *Queria tanto lhe rogar perdão!*

Suzane riu, mamãe sorriu, e eu não sabia o que fazer, fiquei encabulada.

– *Você ainda não sabe? Acredita mesmo que me assassinou?* – perguntou Suzane.

Como eu fiquei olhando-a e não consegui responder, Suzane nos convidou a sentar e contou:

– *Gilda, não foi você quem me expulsou do corpo físico, ou seja, assassinou. Reconheço agora que era uma pessoa difícil, ferina, infeliz, e meu passatempo preferido era humilhar as pessoas. Eu era rica. Quando fui me casar com Haroldo, meu pai nos fez casar com total separação de bens com um contrato muito bem-feito. Se houvesse separação, Haroldo não teria direito a receber nada. Ele me amou quando namorávamos e no começo do nosso casamento, porém o amor deve ser alimentado, e eu fiz o contrário, deixei-o morrer. Meu marido conheceu outra pessoa e a amava. Planejou tudo muito bem para seu crime parecer um suicídio. Eu facilitei. Falava sempre que ia me suicidar, mas era chantagem para fazer valer minha vontade. Haroldo pediu ajuda aos filhos, aos meus irmãos e amigos, queixando-se de que eu estava falando muito em suicídio.*

Sempre, por causa da minha insônia, ia me deitar mais tarde e costumava ficar na salinha. Aquela noite, Haroldo levantou-se devagar, sem que eu percebesse, aproximou-se de mim e virou meu pescoço, quebrando-o. Não consegui gritar, fiquei olhando para ele, apavorada. Rápido, ele abriu a janela e me jogou no jardim. Seu plano foi facilitado por você gritar que era assassina.

Fiquei imóvel enquanto a escutava, não consegui me mexer. Suzane calou-se por segundos e depois perguntou:

– Você não sabia mesmo disso?

Neguei com um gesto de cabeça.

– *Deve existir uma razão para você ter pagado por um crime que não cometeu. Depois que desencarnei, vi coisas que, encarnada, acharia absurdas. Sofri muito quando desencarnei. Foi uma tragédia horrível. Foi, depois de muitos anos, que fui socorrida e ajudada. Você e Amália, sua mãe, é que precisam me desculpar pelas minhas grosserias.*

– Eu não me sentia ofendida – respondeu minha mãe e indagou: – Você perdoou o senhor Haroldo? Quis se vingar dele?

– *Infelizmente, cometi muitos atos errados nesta minha existência e fiz inimigos que não me perdoaram, alegraram-se com a minha desencarnação e me levaram para o umbral, para me maltratar como eu os havia maltratado. Estes meus atos, reconheço agora, foram cruéis, não foram ofensas, como fiz com vocês. Sofrendo, não pensei em me vingar e não obsediei ninguém, pois não conseguia sair da zona umbralina onde estava presa. Cansei de sofrer, arrependi-me dos meus erros e roguei por clemência. Uma senhora socorrista me indagou se eu perdoava* e se queria pedir perdão. Respondi com sinceridade que sim. Vim para cá necessitada de muito tratamento. Quando melhorei, compreendi o que acontecera comigo. Perdoei, fui perdoada, e estou tentando melhorar.

Mamãe e Suzane ficaram conversando, trocando informações, e eu fiquei calada. Despedimo-nos. Mamãe voltou comigo. Desta vez fiz o trajeto em silêncio e não prestei atenção em nada. Entramos no quarto onde estava abrigada, sentamo-nos no sofá e roguei:

— Mamãe, por favor, explique o que aconteceu.

— Gilda, quando ocorreu a tragédia da desencarnação da Suzane, eu sofri muito. Não conseguia entender. Você afirmava que era assassina. Sentia no íntimo que você não era culpada. O senhor Haroldo não me expulsou da casa e me deu dinheiro para pagar o advogado, mas me fez prometer não contar a ninguém. Tive de mentir que eram minhas economias guardadas. Ele me disse que sabia como a esposa tratava os empregados, por isso compreendia seu ato impensado. Depois do seu julgamento, ele vendeu a casa, dispensou-me e passou a me dar um ordenado. Ele se casou novamente. Quando eu desencarnei, seu pai me ajudou muito e me contou que você não tinha matado Suzane. Tive permissão para visitá-la na penitenciária e tentar ajudá-la. Tranquilizei-a, e sua revolta passou. Gilda, nada é injusto. Já lhe falei que somos espíritos e voltamos muitas vezes a vestir um corpo físico, é a abençoada reencarnação. Você cometeu um crime na sua existência passada.

— Empurrei minha irmã de uma janela alta! – exclamei.

— *Sim, isso ocorreu, ninguém ficou sabendo e...*
Mamãe calou-se e eu recordei.

Era filha de um pequeno sitiante, tinha seis irmãos e uma irmã. Estava com dezessete anos quando fui ficar uns tempos na casa dos meus avós paternos para ajudar vovó, que estava doente. Eles moravam em outro sítio, distante para a época, e era necessário ir a cavalo. Lá fiquei por três anos. Quando regressei, minha irmã tinha se casado com um homem rico que morava numa fazenda perto do sítio de meus pais, e ela já era mãe de um menino. Senti muita inveja: eu era muito mais bonita que ela e era solteira. Tive pretendentes, mas eram pobres e não os quis. Pensei, revoltada: "Se papai não tivesse me obrigado a ir cuidar da vovó, com certeza era eu que teria me casado com aquele homem rico".

Minha irmã me convidou para visitá-la, passar uns dias com ela. Aceitei contente.

Na casa dela, invejei-a mais ainda. Minha mana morava numa mansão maravilhosa com um lindo jardim. A casa era um sobrado, tinha o pé direito alto, cômodos grandes e era bem mobiliada, os quartos ficavam no andar de cima. Tentei ser prestativa, educada, para ficar mais tempo lá pensando em arrumar um marido rico entre os amigos do meu cunhado. Meu sobrinho, pelos meus agrados, passou a gostar muito de mim. Satisfeita, aceitei quando eles me pediram para ficar mais uns meses.

Percebi logo que o casal tinha desavenças. Meu cunhado não gostava de festas e tinha poucos amigos.

Aconselhei minha irmã a usar chantagem para ter o que queria, como ameaçar se matar. Ela fez, deu certo e passou a fazer sempre.

Ela ficou grávida quando planejavam uma viagem. Eu tinha prometido ficar na casa e cuidar do meu sobrinho enquanto eles viajavam. Minha irmã ficou muito nervosa com a gravidez e estava pensando em abortar. Isso para não atrapalhar a viagem.

Eu, vendo que não conseguia um marido rico, resolvi ficar com meu cunhado e planejei matar minha irmã.

Conversei com meu cunhado a sós e falei da minha preocupação e medo de minha irmã suicidar. Comentei com todos os empregados.

Numa noite, minha irmã brigou com o marido, escutei-os brigar e vi que ele saíra da casa. Então, entrei no quarto dela, sem que ninguém visse, fingindo consolá-la. Falei baixinho, prometi ajudá-la com o aborto. Convidei-a para ver a lua que estava bonita. Abri a janela, aproximamo-nos, e eu a empurrei com força. Minha irmã caiu de uma grande altura em cima de um chafariz de pedras. Depressa, fui para meu quarto, deitei e aguardei. Uma empregada, duas horas depois, encontrou-a morta. Fingi tristeza, cuidei do meu sobrinho como mãe e seduzi meu cunhado, que acabou se casando comigo.

Viajei muito, tive todos os bens materiais que almejei, tive três filhos e cuidei do meu sobrinho muito bem, como se ele fosse meu. De fato, aproveitei bem o dinheiro – era isso que pensava. Desencarnei e sofri muito. Minha irmã não me perdoou e quis se vingar. Não nos encontramos desencarnadas: eu sofri numa parte do umbral, e ela, em outra. Eu reencarnei, ela ficou desencarnada e me encontrou quando tive a lembrança de que empurrava uma pessoa, de que tinha sido uma assassina. Ela tentou me prejudicar, porém minha mãe, com sua vibração de pessoa honesta, paciente e bondosa, a impedia. Quando vi Suzane caída, lembrei-me do meu ato insano do passado e confundi com o presente. Isso porque sentia culpa de ter sido assassina. Era uma grande dívida não quitada. E quando fui presa, este espírito, que fora minha irmã, achando estar vingada, não se aproximou mais de mim. Soube que ela reencarnou logo depois, retomou sua caminhada rumo ao progresso após ter perdido um bom tempo pelo desejo de se vingar.

Olhei minhas mãos e comentei com minha mãe:

– *Sentia, quando encarnada, minhas mãos empurrando. Paguei pelo meu crime. Depois, com minhas mãos, fiz o bem. Agora, olhando-as, vejo as injeções que apliquei com todo carinho, as feridas que limpei, os curativos e fraldas que troquei, os banhos que dei, a comida dada na boca dos meus idosos queridos. Observando agora minhas mãos, consigo apenas ver o bem que fiz com elas.*

Mamãe me abraçou comovida. Choramos.

– *Filha, o bem anula o mal. O amor nos enriquece. Você, anteriormente, agiu errado: seu crime não foi descoberto pelas outras pessoas, mas você se sentia em dívida. A lembrança forte do empurrão que deu para matar e a culpa de ter sido assassina acabaram por ser transmitidas para seu cérebro físico. E você teve somente esta recordação de sua encarnação anterior. Como nada é por acaso, você não assassinou Suzane, porém não era inocente. Resgatou seu erro pela dor e com o sofrimento aprendeu a amar. Se cometeu um ato maldoso com as suas mãos, depois fez o bem com elas. Que sejam abençoadas suas mãos!*

— Mamãe, quero aprender rápido como viver desencarnada e ser útil com entusiasmo e amor. E bendita seja a oportunidade de reparar nossos erros. Bendita seja a reencarnação!

Receba o leitor amigo meu carinho, e que suas mãos sejam benditas!

Gilda.

nove

DESPEDIDAS

Eu, Anita, recebi o convite para contar minha história quando saía de uma reunião. Uma vez por semana reunimos, numa sala do Departamento da Fraternidade, pais encarnados e desencarnados que sentiram, ou ainda sentem, a dor da separação provocada pela mudança de plano.

Esses encontros acontecem em muitas colônias espalhadas pela Terra, mas aquelas que costumo frequentar estão localizadas no espaço brasileiro. A finalidade dessas reuniões é dar alento, consolo e esperança, principalmente a pais que provisoriamente não estão junto de seus filhos.

A vida não para. A separação e a despedida fazem parte de nossa existência. São partidas e chegadas. Uns vêm, outros vão. Encontros, desencontros e reencontros.

Encarnados, sofremos muito quando nos despedimos de alguém que partiu para o plano espiritual. Pessoas com compreensão despedem-se normalmente de seus amados com um até logo, mas mesmo assim dói, a separação física traz saudades e incertezas. Quem ama, porém, quer mais que tudo o ser amado feliz onde quer que esteja. E o consolo para essas pessoas é suave amenizando o sofrimento. Outros não aceitam a separação, tornando a dor insuportável. Mas a dor cansa, e os separados começam a ter esperança no reencontro. As despedidas acontecem de maneiras diversas.

A despedida de pais é sem dúvida a mais sofrida. Por isso os benfeitores espirituais tentam sempre amenizar o padecimento de quem fica e daqueles que partiram. Sim, os que partiram sofrem. Somente não padecem os que voltam para o plano espiritual desapegados não só dos bens materiais, mas de tudo. E aqueles que aprenderam a amar sem egoísmo, sem posses, não sentem falta de nada com o que conviviam encarnados. Amam e não são apegados. Expandem seu amor a todas as criaturas. E assim estão sempre perto de alguém que amam e, consequentemente, sentem-se amados. São nestes seres que devemos nos espelhar. Se uns fazem, todos nós podemos e devemos fazer.

Penso que todos os encarnados, principalmente os que fizeram mais aniversários, já se despediram de algum ou de muitos entes queridos. Sabem como é dolorosa a despedida ou calculam a dor do próximo e são normalmente solidários. Mas será que conseguem calcular a dor daquele que se despediu de quase todos seus afetos e partiu? Deixou para trás as coisas de que gostava, sua cama, seu travesseiro, sua casa, esposo ou esposa, filhos, netos, amigos, vizinhos etc. Uma nova forma de vida se inicia para o viajante do mundo. Às vezes reencontra pais, amigos, mas estes foram partindo aos poucos, um de cada vez, e já se acostumaram com sua ausência.

Nestas reuniões fraternas das quais participo aqui no mundo espiritual, um auxilia o outro. Contando o que lhe aconteceu, como se sente, é possível desabafar e, ao mesmo tempo, escutar explicações, palavras de consolo e de carinho. Acaba-se confiando numa superação.

Os encarnados que se despediram de afetos que partiram para a espiritualidade são consolados com a esperança do reencontro. Isso acontece quando deixam o corpo físico adormecido e são trazidos para essas reuniões por amigos, protetores, familiares, ou pela equipe desencarnada organizadora desses encontros.

Os que se encontram na erraticidade também saem esperançosos dessas reuniões, porque compreendem que é a lei da vida, do Criador, sermos errantes, ora vivendo no plano físico, ora no espiritual. E aprofundando um pouco mais o estudo, entendendo mais um pouquinho as leis que regem nossas vidas, compreenderão que a despedida faz de fato parte dela. E também chegará a hora de voltarem a encarnar, então deixarão amigos, o plano espiritual, para terem outro período na carne.

Na minha última roupagem, no físico, tinha lembrança de algo que havia sido programado antes de reencarnar.

Não tive lembranças de minhas outras existências, mas sim do período em que vivi desencarnada numa colônia.

Desde pequena, ao brincar de boneca – tinha várias – uma delas morria, e eu até chorava no seu enterro. Minha mãe não compreendia minha brincadeira, minhas amiguinhas não gostavam, e eu brincava sozinha.

– Anita – pedia mamãe –, por favor, não brinque mais de enterro. Você é uma menina que tem bonecas, e elas não morrem.

– Eu sei, mãezinha, mas um filhinho meu irá morrer!

Fui crescendo e não brinquei mais de boneca. Sempre falava em me casar, ter filhos e que um deles iria morrer. Mamãe me repreendia, aconselhava-me a não falar sobre isso.

Esforcei-me para não falar nem pensar mais nesse assunto. Como estudava e trabalhava, meu tempo era corrido. Esses pensamentos então se tornaram raros e não os comentei mais. Casei-me nova, com dezoito anos, e quis logo ter filhos. Tivemos quatro. Era uma excelente mãe, mas um deles, Arnaldo, era diferente para mim. Afirmava que os amava igual, mas não era verdade, minha preferência era por esse filho. Sentia que deveria estar mais com ele. Pensava muitas vezes: "Devo aproveitar enquanto ele está comigo! Quando Arnaldo partir, não poderei abraçá-lo assim! Na despedida dele sofrerei muito!".

Repelia esses pensamentos, mas eles teimavam em voltar. Às vezes chorava escondido e não comentei com ninguém sobre isso.

Com nove anos, Arnaldo partiu. Uma doença agressiva matou seu corpinho físico em três dias. Sofremos muito. Depois, comecei a entender que sempre soubera que me despediria de Arnaldo. A vida continuou, tinha esposo e três filhos. Foram esses outros afetos, que precisavam de mim, que me fizeram ser forte. Pensei que nunca mais ia voltar a ser alegre, mas o tempo passa, cicatrizando feridas abertas na despedida. Voltei sim a ser alegre, mas não me esquecia do Arnaldo. Meditei e concluí que sabia existir essa separação. Não entendia como eu sabia ou o porquê. Às vezes lembrava-me de estar conversando com outras pessoas e planejando essa despedida.

Muitas coisas aconteceram em minha vida, mas nunca me esqueci desse, meu filhinho. Mas, novamente sem conseguir compreender, depois de alguns anos não senti mais saudades dele. Pensava, na época, que era por meus filhos terem casado e a minha casa ter se enchido de netos.

Fiquei viúva, vivi muitos anos encarnada, e chegou a minha vez de partir. Pela minha vivência, tive o merecimento de receber ajuda, socorro.

Acordei num hospital do plano espiritual e me senti aliviada por estar sem dor. Veio em minha mente o que repetia nos últimos tempos: *"No dia em que acordar sem dor é para me preocupar, certamente estarei morta"*.

Espreguicei-me. Nada de dor. Resolvi me levantar e o fiz com facilidade. Estranhei. Foi então que observei o local: *"Com certeza estou num hospital. Num quarto coletivo!*

Mas por quê? Pelo meu plano de saúde tenho direito a ocupar um apartamento e ficar sozinha. Isso não está certo!".

– Bom dia! Como está se sentindo, Anita? Deseja alguma coisa? – perguntou-me uma moça simpática.

– Eu?! Não sei! Talvez saber onde estou. Aqui, pelo jeito, é um hospital. Não conheço este. Onde fica? Não tenho nada contra, mas por que estou num quarto coletivo?

– Que bom que não tem nada contra. Irá gostar daqui, terá companhia para conversar. Nesta mesa tem pães, frutas e sucos. Se precisar de alguma coisa, me chame. Meu nome é Neuza.

Embora achando muito estranho e não compreendendo, resolvi me alimentar. Estava me sentindo muito bem. Não tive nenhuma doença grave, mas a idade traz limitações e desgastes e, consequentemente, várias dores: reumatismos, incômodos na coluna, na perna, má digestão etc. Soube depois que desencarnara por causa de um infarto.

– Nossa! – exclamei alto. – Como estou me sentindo bem! Penso que posso até pular!

– Você está entendendo o que lhe aconteceu? – perguntou uma senhora que estava num dos leitos.

– Nada! Não estou entendendo, somente gostando – respondi.

– Pois se prepare para uma surpresa – falou ela.

– Surpresa? Agradável ou não? – indaguei interessada.

– Depende – respondeu a senhora. – É você que terá de achar se é ou não boa.

— Por favor, fale – pedi.

— Não tem medo?

— Medo? Aqui é perigoso? – assustada, quis saber.

— Claro que não! – falou outra mulher, que se levantou e se aproximou de mim. – Chamo-me Ida e entendo o que nos acontece. Aqui é um lugar seguro, bonito e de pessoas boas.

— É melhor falar logo que ela morreu – disse a senhora que falava comigo.

Engasguei-me com um pedaço de maçã.

— Terezinha, por favor, não fale assim – pediu Ida. – Deve seguir o que nos é recomendado. Anita, tome este copo d'água.

— Aqui é um hospício? – perguntei baixinho à Ida.

— Não, claro que não!

— Estão conversando! Isso é bom! – exclamou Neuza entrando novamente no quarto. – Vou levá-las ao jardim. Quem quer ir?

— Eu quero! – Falei. – Estou tão disposta que penso que poderei correr. Posso ir de camisola?

— Aqui tem algumas roupas suas, pode trocar atrás daquele biombo – mostrou-me Neuza.

Rapidamente me troquei e lá fomos nós, quase todas do quarto, para o jardim. Neuza ficou perto de mim. Conversamos sobre plantas e, depois que me mostrou o lugar, perguntou:

— Anita, o que você pensa que acontece quando o corpo carnal morre?

— Sei lá, já escutei tantas coisas.

Olhei para Neuza, estava tranquila. Pensei: *"Será que a Terezinha falou a verdade? Morri e por isso estou me sentindo tão bem?"*.

— *Morri?* — perguntei baixinho.

— *A morte, como muitos pensam, não existe* — respondeu Neuza.

E por minutos me explicou, com seu jeitinho delicado, o que havia acontecido comigo.

Escutei calada, não consegui entender direito. Tudo era muito diferente da maneira que acreditava. Voltei para o quarto preocupada. Conversei com Terezinha, que estava mais assustada do que eu, e ouvi de Ida que estava gostando muito da mudança de plano. Preferi, como sempre, ser otimista e conversar mais com Ida.

"Morrer é como partir para não voltar, então devo me conformar e me acostumar a viver aqui": pensei.

— *Podemos nos encontrar com as outras pessoas que morreram?* — perguntei a Neuza.

— *Sim, podemos. Seu marido está querendo a visitar, está somente esperando que você queira vê-lo.*

Fiquei novamente pensativa.

— *Eu que não quero ficar com meu marido* — disse Terezinha. — *Não combinávamos vivos e com certeza não iremos nos dar bem mortos.*

— *É melhor dizer "encarnados" e "desencarnados"* — aconselhou Ida. — *Terezinha, você poderá rever seu marido, mas não precisam ficar juntos. Poderão ser somente amigos. Você, Anita, não deseja rever seu esposo?*

— *Estou velha* – falei.

— *Não se preocupe, o sentimento verdadeiro é o interior* — Ida me animou.

— *Quero vê-lo!*

Encontramo-nos no jardim, sentamos num banco somente nós dois, olhamo-nos, abraçamo-nos e choramos emocionados. Ele me contou que sofreu ao desencarnar, por não aceitar, e, naquele momento, trabalhava e aprendia muitas coisas. Animou-me. Senti-me feliz.

— *E Arnaldo? Sabe do nosso filho?*

— *Sei* – respondeu meu esposo.

— *Você não perdeu esta mania de responder somente com poucas palavras* – ri.

— *Respondi o que você me perguntou.*

— *Está bem. Vou perguntar novamente. Você sabe onde e como Arnaldo está?*

— *Nosso filho está bem e estava perto de você* – respondeu ele.

— *Como?!*

— *Anita, quando no físico escutamos falar de reencarnação, são muitos os comentários, como: "na outra vida devo ter sido isso ou feito aquilo" e "na próxima quero isso ou aquilo". Pois bem, a reencarnação é real. Nosso espírito nasce, reencarna, muitas vezes na Terra em corpos físicos diferentes. Arnaldo voltou como nosso neto. É o Murilo.*

— *Foi na época em que Murilo nasceu que a saudade amenizou, e eu me esqueci um pouco de Arnaldo.*

— *Não é fantástico?* — perguntou meu esposo.
— *Penso que sim.*

Despedimo-nos, ele voltou ao seu trabalho, e eu para meu quarto no hospital. Fiquei deslumbrada com tudo que via. Sentia-me bem, saudável e disposta. Curiosa, quis conhecer o hospital, a colônia e todo o plano espiritual. Explicaram-me que isso devia acontecer aos poucos. Não fiquei junto de meu ex-esposo, preferimos ser amigos. A amizade é um sentimento maravilhoso.

Comecei a sentir saudades daqueles que ficaram encarnados, e esta foi aumentando. Sentia falta de tudo e de todos. Ficava pensando que, se estivesse encarnada, naquela hora estaria fazendo alguma coisa específica ou conversando com as vizinhas ou então esperando por minha filha. Percebi que gostava muito da maneira como vivia, da minha rotina. Chorava de saudade. Para onde fui levada, a colônia, era tudo muito lindo, mas preferia estar na minha casa. Preferia ter até as dores de que reclamava, percebia que não era de todo ruim senti-las. Fui consolada pelos orientadores, companheiros, e meu esposo foi enérgico comigo.

— *Anita, não é bom para você querer reviver o passado. Nada volta a ser como era. O tempo passa para todos. Seu momento agora é viver aqui, por isso pare de choramingar e dê valor ao que lhe está sendo oferecido.*

Neste período de adaptação o desencarnado necessita entender e ser forte para não sair do lugar onde está abrigado e voltar ao seu antigo lar ou para perto daqueles que ama. Recebi ajuda, tentei compreender, fortaleci-me e fui estudar e trabalhar. Mente ocupada é o melhor remédio para nos auxiliar nesse momento de transição. Senti muita saudade, e esta doía.

Passado esse período, que considerei difícil, pude entender a lembrança do passado que mantinha quando encarnada. Não me recordei de encarnações anteriores, mas sim do tempo em que estive anteriormente na espiritualidade. Vou explicar: Arnaldo tinha sido meu filho em minha encarnação anterior. Foi amado, fui boa mãe, tentei educá-lo. Mas, espírito rebelde, cometeu muitas ações erradas. E uma delas, que muito o marcou, foi ter sido a causa de três crianças desencarnarem. Ele sofreu no umbral, e eu senti muito sabendo que sofria. Participei de seu socorro. Ajudei-o. Conversávamos muito, e ele almejava voltar ao físico.

– *Quero, mamãe* – falava Arnaldo –, *ter a bênção do esquecimento. O remorso dói muito, quero quitar esta dívida e provar, com a oportunidade da reencarnação, que aprendi a dar valor à vida, não somente à minha, mas também à do próximo.*

– *Quero ser sua mãe novamente! Pedirei para voltar ao plano físico e o receber no meu lar.*

– *Mas, mamãe, a senhora não precisa sentir a dor da separação. Com certeza me amará, foi boa mãe e continuará sendo. Sofrerá com a minha desencarnação.*

– *Sempre podemos tirar preciosas lições do sofrimento* – insisti. – *Amo-o e o quero perto de mim. Como deixá-lo ter outra mãe? Meu amor será forte o bastante para ajudá-lo. Você terá tendências a corrigir, e eu saberei fazê-lo. Quero estar com você novamente!*

– Já calculou como sofrerá com a nossa despedida? – perguntou Arnaldo.

– Terei a esperança do reencontro.

Determinada, pedi e recebi a graça de ter Arnaldo como filho novamente, por um período de poucos anos. Esta determinação foi tão desejada, tão sentida, que me lembrei dela quando encarnada, tendo a certeza de que esse meu filho iria retornar à pátria espiritual na infância.

Quero dizer a vocês, leitores, que o que aconteceu conosco, comigo e com Arnaldo não é regra, pois esta não existe na espiritualidade. A desencarnação na infância e na juventude acontece por muitas causas. E Arnaldo também poderia ter escolhido muitas outras formas de reparar seus erros. Foi escolha dele, e o desejo de esquecer teve influência nisso.

Deu certo, sofri, porém, como queria, ajudei muito esse espírito que, sentindo-se quite com seus atos, quis reencarnar e teve permissão de ser um dos meus netos. Desta vez não senti nada diferente por ele, gostava, gosto, igualmente de todos os netos.

Estudei e, quando me senti apta, pude escolher a tarefa de tentar consolar todos os que sofrem com a despedida da mudança de plano.

As reuniões são prazerosas e têm dado muitos bons resultados. Embora a opinião de muitos, nas primeiras vezes, seja a de que elas são tristes, ali se aprende a não deixar a saudade machucar, ferir, e, quando este sentimento se torna suave, tudo fica mais fácil para quem está separado momentaneamente.

São muitas as pessoas que não entenderam como e por que sentiram esta separação prematura. Vagas recordações do passado, seja de outras existências ou do período em que viveram no mundo espiritual, vêm à mente. Pais também contaram que muitas vezes eram os filhos que se pronunciavam – estes também sem compreender –, demonstrando saber de suas desencarnações precoces. Como: "quando eu morrer, quero que isto fique para fulano; minha coleção, para sicrano"; "tudo que é meu deve ficar para você, mamãe, ou para papai"; "desejaria ser enterrado com esta roupa"; "não chorem muito, com certeza irei para um lugar melhor" etc.

Estas reuniões são mais frequentadas por pais encarnados e desencarnados e todos sentem muitas saudades de seus filhos, ainda mais aqueles cujos filhos mudaram de plano antes deles, talvez porque é esperado que os mais velhos partam primeiro. Mas, é a lei da vida este retorno. Embora muitos idosos encarnados falem de sua morte, não o fazem por nenhuma recordação, mas sim porque não é possível viver por muitos anos no plano físico. Porém, muitos não pensam ou não gostam de pensar nesta despedida. Eu fui uma dessas pessoas.

Gosto de consolar e dar esperanças. Enxugar lágrimas, dar alegrias, é ter as nossas lágrimas enxutas e a alegria no coração.

E assim, amigos leitores, é possível ter lembranças de muitas existências, mas também lances do período em que se esteve na erraticidade.

Bendito o consolo que podemos receber quando entendemos as leis perfeitas, justas e misericordiosas que nos regem.

Anita.

dez

PEQUENO DOCUMENTÁRIO

Lua crescente de outubro de 2011

Eu, Justo, a convite do meu amigo Antônio Carlos, vou inserir um pequeno texto neste livro, encomendado por um dos dirigentes espirituais do Brasil. Este nosso orientador pediu à Casa do Escritor, colônia onde literatos se reúnem para comentar a atual situação literária de nossa pátria e do mundo, que comentássemos mais sobre a reencarnação, que falássemos da importância para nosso espírito deste retorno ao plano físico e que, de lição em lição, ou seja, nas reencarnações, aprendemos e evoluímos com nossos erros e acertos. Pediu também que falássemos da importância do momento presente, de como vivemos hoje, porque refletimos o que fizemos ontem como refletiremos no amanhã o agir do agora.

Basta uma breve conversa aqui no Além para sabermos de histórias deveras interessantes. Porque todos nós, sem exceção, que atualmente fazemos parte dos numerosos habitantes do planeta Terra, já tivemos inúmeras vestimentas físicas. E algumas situações por nós vividas nos marcam mais e, às vezes, basta somente uma lembrança, seja esta de erros chocantes que cometemos ou de acertos fabulosos que ousamos fazer. Atualmente, infelizmente, recordamos mais de nossas imprudências, porém, com a nossa evolução, acredito que iremos nos lembrar também de acontecimentos agradáveis. Penso que atos bons deveriam ficar marcados em nós, porque muitas vezes os realizamos com sacrifícios, estudo e muito trabalho.

Comparações normalmente são injustas. Mas podemos, às vezes, comparar-nos com outros, com o próximo, nosso irmão. Eu, se o fizer com os que estão nas primeiras séries, posso ser um professor. Mas também é um incentivo para mim comparar-me aos universitários. Almejo e me esforço para ser como eles.

Há muitas encarnações me dedico ao estudo e tenho escolhido por profissão ensinar. Algo que eu gosto de fazer é transmitir conhecimento. Percebi que poderia ensinar de forma que o aprendiz se divirta e passe a se interessar pelo estudo e que estes conhecimentos também o educassem com exemplos edificantes da boa moral.

E, em cada encarnação, sempre aprendia com facilidade e transmitia meus conhecimentos como mestre. Concluo que isso ocorreu por amar de verdade essa maneira de viver. Saber e querer que outros desfrutem do que eu sei. Ensinamentos têm uma matemática interessante: quanto mais você dá, mais você tem; quanto mais você os reparte, divide, mais são multiplicados. Afirmo que a sabedoria é verdadeiramente nossa quando a transmitimos a outros.

A influência da reencarnação em minha vida única, dividida em muitas existências, foi fantástica. Tive problemas para serem resolvidos, dificuldades, pelo simples fato de conviver com pessoas diferentes de mim. Sempre achei interessante cada volta minha ao físico. E a minha última foi uma ótima oportunidade. Entre muitas profissões que poderia escolher, fui novamente professor, esforçando-me para ser um bom educador.

Almejando aprender, pedi para ter uma existência bem diferente. O meu último estágio no físico foi numa região muito diversificada daquela onde reencarnei por muitas e muitas vezes. E retornei à carne numa família estruturada. Quando comecei a falar, o fazia de forma muito errada. Para todos, minha pronúncia era confusa, "enrolada", como dizia vovó. Demorei um pouco mais que meus irmãos para dizer meu nome. Penso que foi por não gostar dele. Era justo o nome de um dos meus avôs. Quando perguntavam meu nome, complicava muito e respondia algo que ninguém entendia.

Com três anos, aprendi a falar, para alívio de meus pais, mas somente aos cinco o fiz corretamente.

Sentia falta de muitas coisas das quais pensava estar sendo privado: roupas, comidas e músicas. Sentia saudades e não sabia de quê, mas não sentia ser privação ou castigo, e me esforcei para me adaptar. Curioso, quis conhecer, aprender, e era um perguntador insistente, que tirava o sossego dos adultos com quem convivia. Escrever e ler num idioma tão diferente foi, para mim, um desafio muito interessante. Gostei de estudar. Bom aluno, bom professor.

Antes, para mim, o amor também deveria ser intenso, e aprendi que, num relacionamento, o amor deve ser suave, respeitando a personalidade do ser amado, o querer bem sem posse.

Era chamado carinhosamente pelos familiares de "enciclopédia" de determinada região, aquela onde estagiei por muitas vezes como encarnado. Encabulava-me por saber tanto da forma de viver deste povo e de épocas remotas. Não me recordei de mais nada além do conhecimento. Tive somente lembranças do que estudava, do que por séculos transmiti.

Quando tive conhecimento de que, pela bondade infinita do Criador, voltamos ao físico em corpos e lugares diferentes, compreendi minhas lembranças e me aprofundei nos estudos sobre reencarnação. Convivi bem com minhas recordações e acrescentei a elas novos aprendizados.

Gostei muito desta experiência diferente, deste meu último estágio, em que conheci uma maneira diferente de viver.

Comentando com Antônio Carlos o que pretendia ditar a médium, ele me perguntou:

— *Justo, onde você quererá reencarnar na próxima vez?*

— *Ainda gosto muito da região onde por tantas vezes estagiei em corpo carnal, mas me entristeço por esse povo brigar tanto, guerreando atualmente com armas modernas, mortíferas, bem diversas daquelas dos tempos idos. Gostei de conhecer outros lugares. Pedirei para reencarnar em outra região para continuar aprendendo e, o mais importante, amar a todos como irmãos que somos. Agradeço ajoelhado diante do infinito os inúmeros estágios concebidos aos nossos espíritos.*

ଓ

Escutei muitos espíritos falarem de suas encarnações e anotei algumas narrativas de quem, no período vivido no plano físico, teve alguma recordação de outras encarnações ou somente de uma. Transcrevo a vocês:

Adão Moreno me contou:

— *Nesta minha última viagem ao plano físico sentia muito medo, pavor mesmo, d'água. Minha mãe contava que, quando neném e menino, não gostava de tomar banho e chorava apavorado até mesmo numa bacia d'água. Adulto, era asseado, tomava banhos, mas rápido. Nunca entrei numa piscina e vi o mar somente de longe. Várias vezes sonhei que estava me afogando. Ouvi falar de reencarnação. (Penso que todos nós sempre ouvimos alguém comentar, seja em brincadeira ou* em conversas sérias, sobre reencarnação.) Pensava e até comentei: "Devo ter me afogado na minha vida passada!".

— Tinha cinquenta e dois anos e residia numa cidade grande. Estava sozinho no carro, numa área de risco de enchente, quando começou uma tempestade. O trânsito parou. Não tive coragem de sair do carro com a água batendo nos meus joelhos. Rapidamente, o volume de água aumentou, cobriu meu carro, e desencarnei afogado.

— Fiquei confuso, apavorado e, pela imensa bondade de Deus, fui socorrido. Quando melhorei, não fiquei no posto de socorro onde fui abrigado: quis ir para minha casa e fui. Encontrei tudo diferente, não pertencia mais ao mundo físico. Vaguei, sofri, e fui novamente socorrido. Desta vez, fui grato pelo auxílio.

— Depois de algum tempo vivendo no mundo espiritual, soube que eu, na minha penúltima encarnação, flagrei ladrões em minha casa. Eram dois, e um deles fugiu. Consegui pegar um e o amarrei. Queria que ele me contasse quem era o outro. E, para que falasse, coloquei sua cabeça num balde d'água e o afoguei. Na terceira vez que afundei seu rosto na água, meu filho falou comigo, distraí-me, não levantei a cabeça dele no momento certo, e ele desencarnou. Enterramos o corpo dele num local seguro em minha propriedade.

Não foi o Adão o afogado, ele afogou outra pessoa! O pavor que sentia era do erro cometido, e desencarnou por esse medo. Porque, se não tivesse pavor d'água, teria saído do carro e se salvado. Erros nos prendem.

A desencarnação de Adão Moreno não foi uma imprudência. O pavor que sentia era algo incontrolável. Ele não conseguiu superá-lo. Se tivesse sido ao contrário, ele ter se afogado como pensava, poderia sentir medo, mas não o pânico que paralisa. Suicídio seria se tivesse a intenção de morrer. Ele não havia se perdoado pelo erro cometido.

☙☜

Felipe, o Ruivo, contou:
— *No século 17, na Espanha, tive, por infelicidade, o ofício de carrasco. Fazia as fogueiras para os condenados serem queimados e as acendia. No meu pequeno entendimento, eu agia corretamente, porque obedecia a ordens. Um dia, ao acender uma fogueira, queimei meu braço, senti muitas dores, então resolvi deixar o emprego. Porém fui ameaçado pelo meu patrão: ou continuava ou iria eu para a fogueira. Decidi continuar, porém passei a fazer as fogueiras para queimar rápido e matar depressa o condenado. Isso me marcou demasiadamente, e tenho vontade de chorar todas as vezes que me recordo dessa minha existência. Fiquei muito tempo na erraticidade após ter desencarnado. Sofri no umbral e, socorrido, estudei, aprendi muitas coisas trabalhando e não queria reencarnar, tinha medo de falhar e voltar a sofrer no umbral. Depois de muitos anos, pedi para retornar ao plano físico e planejei desencarnar queimado, porque somente assim sentiria estar resgatando a crueldade da qual havia participado. Eu deveria ter ido para a fogueira e não continuado a acendê-las.*
— *Desde menino, falava que ia morrer queimado. Minha mãe me repreendia, porém era o que sentia. Estava com dezoito*

anos quando aconteceu um acidente onde eu estava. O prédio incendiou, e eu desencarnei pelas queimaduras que sofri. Minha família comentou que eu havia previsto minha morte.

– Fui socorrido, aceitei minha partida e me senti aliviado, porque, embora ainda me entristeça com meu ofício do passado, senti ter quitado uma dívida que me atormentava.

Felipe, o Ruivo, terminou seu relato:

– Mil vezes bendito seja Deus, que nos criou para usufruir da reencarnação.

∞

– Muito prazer, João D'água!

Cumprimentou-me um homem; pude perceber, observando-o, que seu perispírito deveria ter a aparência misturada de suas duas últimas encarnações. Ele, notando minha percepção, continuou falando:

– Desencarnei com doze anos na minha última roupagem física. Para compreender essa rápida e sofrida existência, recordei-me do passado, misturei as aparências, e vou lhe explicar o porquê.

Fez uma ligeira pausa e, vendo-me interessado, contou:

– Reencarnei numa localidade muito pobre, miserável, numa família numerosa e, no período de seca, passávamos fome de doer o estômago. Tinha saúde frágil e nunca fui a um médico. Naquela região, desencarnavam muitas crianças por falta de higiene, nutrição e cuidados médicos. Era mulato e, aos três anos, minha barriga começou a crescer e ficou grande. Diziam que

eu tinha barriga d'água. Daí o nome que, abreviado, ficou João D'água. O nome eu não quis mudar, porque gosto muito de "João" e também "D'água", que me faz recordar que estive doente e não recebi tratamento, que senti fome, e muitas necessidades não foram supridas. Acredito que esses doze anos em que não saí do sítio, da casinha pobre, foram, para mim, como estudar numa escola muito rígida, isso por ter negligenciado, no passado, o "estudo" em outras "escolas" mais amenas. Naquele casebre de três cômodos, sofrendo muitas privações, gostávamos uns dos outros. Meus pais não tinham como nos dar mais atenção. Nunca tive um brinquedo. Quando criança, meus irmãos e eu fazíamos de sabugo de milho carrinhos, e minhas irmãs, bonecas. Possuíamos poucas roupas. Eu sentia muitos mal-estares, fraquezas, falta de ar. Às vezes tomava chás, que eram o único remédio de que dispúnhamos. Aos oito anos, comecei a ter dores de cabeça e cólicas muito dolorosas no abdômen, que foram ficando cada vez mais fortes e frequentes. Desencarnei depois de oito meses acamado, com feridas pelo corpo, muitas dores, e não tomei nenhum comprimido para amenizá-las.

— Meus pais não sentiram minha desencarnação. Ficaram até aliviados por acreditarem que iria para o céu, onde estaria melhor, e também por não me verem mais sofrer sem conseguir me ajudar. Não fui para o céu, mas fui socorrido. Na plano espiritual, recebi tratamento, sarei e, para mim, estava no paraíso de que mamãe tanto falava.

— Se nos compararmos com outras pessoas, queremos saber o porquê das diferenças. Isso ocorreu comigo. Quis saber e obtive respostas. Na minha outra encarnação, antes dessa, pude e tive como suprir a necessidade de muitas pessoas e não o fiz. Poderia tê-las tirado da miséria, dado a elas tratamento médico, escolas (todos de minha família eram analfabetos) e meios de viver num local onde a seca não os castigasse tanto, mas preferi enriquecer ilicitamente. Como João D'água, morei na região que poderia ter auxiliado e não auxiliei. Por isso, misturei minha aparência: da outra encarnação, fiquei como adulto e com os conhecimentos obtidos; desta, a cor e as feições. Preferi o nome simples do que o pomposo de outrora, para o qual existem praças e ruas em homenagem, um político que aparentava ser o que não era.

João fez uma pausa para enxugar lágrimas e depois continuou a contar sua história de vida.

— Justo, meu amigo, como esta criança pobre e enferma, tive lances de recordações da minha outra existência. Muitas vezes, sentado no chão ou num dos nossos bancos toscos de madeira (não tínhamos bancos para todos), via uma mesa farta com muitos alimentos, frutas, pães e doces. Olhava para meu pratinho com escasso alimento, às vezes com um feijão ralo, e via outro, muito colorido, cheio de alimentos que nunca vira naquela existência. Comentei uma vez com mamãe sobre uma fruta vermelha, e ela riu, disse que estava mudando a cor da laranja. Não comentava estas visões porque eu ficava com muita vontade de comer o que via na minha mente e não queria que meus irmãos também sentissem vontade.

— A lembrança que tive da encarnação passada, meu amigo Justo, foi dos alimentos. Tão fartos na outra existência que as sobras iam para o lixo, e me fizeram tanta falta nesta última.

– Reencarnações nos dão explicações das diferentes maneiras de viver. Na minha próxima volta ao físico, certamente terei de provar que aprendi pela dor o que poderia ter feito pelo amor. Não quero ser alguém importante nem uma pessoa parecida com o João Barriga D'água. Mas, sim, um ser que dará valor a tudo que lhe for emprestado (incluo os bens materiais, empréstimos de Deus) e que tentará amenizar a dor do próximo. Mas a maior prova será: não ficar para mim o que poderia converter em ajuda para os outros.

Abraçamo-nos ao nos despedir.

૪૦

A maioria de nós sente a influência da reencarnação em nossas vidas, mas, por esse fato não incomodar tanto, não damos a devida atenção. Como, por exemplo, Nelinha, a Meiga. Ela me contou que, durante sua vida encarnada, sentia medo de pessoas muito altas. Quando alguém alto se aproximava dela, esforçava-se para ser educada. Somente veio a saber o porquê quando desencarnou, e recordou que, em sua outra existência no físico, tivera um padrasto muito alto que fora seu carrasco. Maltratou-a muito.

૪૦

Guilherme me falou que, encarnado, sempre desconfiara do irmão, mais velho que ele dois anos. Estava sempre alerta contra ele. Pensava: "Este mano vai me aprontar uma!".

Quando criança, implicava com ele e ficou várias vezes de castigo por afrontá-lo e ofendê-lo. E, no castigo, pensava: "Tenho razão, meu irmão me prejudica". Mas concluía que fora ele que o havia provocado. Cresceram, casaram e passaram a se ver menos. Guilherme passou um período difícil. Ao nascer seu terceiro filho, a esposa teve um problema sério, e o filhinho necessitou ficar internado. Precisou de dinheiro. O irmão não esperou que ele pedisse e pagou todas suas dívidas. Ao saber, admirou-se, foi lhe agradecer e afirmou que lhe pagaria. Escutou dele: "Não se preocupe com esse detalhe. Quando tudo estiver bem, você me paga, porém não quero que se aperte para me saldar. Irmãos são para isto: ajudar uns aos outros. Sei que você faria o mesmo por mim". Guilherme pensou e concluiu que não faria isso por esse irmão. Chorou, abraçou-o e se desculpou. Aquele abraço foi de amor. Seu irmão estava bem financeiramente e ficou melhor ainda. Guilherme demorou para começar a pagar-lhe e dividiu em prestações. Tornaram-se amigos. Ele convidou o irmão para ser padrinho de seu filho. Na quinta prestação, o irmão pediu para não lhe pagar mais. As prestações eram em número de trinta. Falou com delicadeza, temendo ofendê-lo. Ele não pagou mais. Anos depois, Guilherme desencarnou e soube que fora ele quem ofendera esse irmão na existência anterior. Pensou erroneamente que o irmão agiria como ele, que revidaria. Por isso, esperava uma ofensa dele. O irmão não o ofendeu e retribuiu com o bem o mal que recebera dele.

Hidberto, o Bondoso, foi um médico eficiente e caridoso. Recebeu muito carinho quando desencarnou. Visitei-o para lhe agradecer. Quando estava encarnado, fui seu paciente. Conversando, Hidberto me contou:

– *Amo amenizar dores pela ciência médica. Tenho aproveitado as minhas passagens pelo físico dedicando-me à Medicina. Nesta minha última estadia no corpo carnal, tive muitas lembranças de minhas vivências passadas e de meu estudo no plano espiritual. Falava, quando menino, e com naturalidade, quando escutava alguém se queixando de uma dor, o que poderia ser e, às vezes, o que tomar. Ou comentava de raios que poderiam curar. Meu pai conversou comigo e pediu para não falar mais sobre esse assunto, porque as pessoas não entendiam. Ninguém da minha família compreendia. Prestei atenção para não falar, mas pensava. Fui estudar medicina e dava opiniões, falando como determinada doença era tratada antigamente. Um professor me alertou: "Hidberto, você poderia, em vez de ler livros antigos, ler os modernos. Não interessa o que se fazia antigamente, mas, sim, o que podemos fazer atualmente". Resolvi não comentar mais e passei a falar o que poderia ser feito: os raios. Riram de mim. Eu, então, parei de opinar e me concentrei em aprender o que dispúnhamos naquele momento. Ainda encarnado, vi o raio laser ser usado com proveito e, sem dúvida, será mais ainda. Porque tudo o que os encarnados descobrem normalmente já é conhecido no plano espiritual e, às vezes, há muito tempo. Porque podemos estudar, e muito, no plano espiritual, e também participar de muitas pesquisas que aqui são feitas. Continuo amando muito a Medicina e quero fazer parte de estudos e de pesquisas para reencarnar e continuar sanando dores e curando enfermidades.*

☙

Mariana me relatou:
– *Encarnada, sempre gostei de anjos. Por isso, ganhava-os de presente. Mas tirava as asas. Dizia: "Eles não precisam de asas para voar e vestem roupas". Dificuldades me levaram a conhecer o Espiritismo e então compreendi que anjos são espíritos bons que volitam pela força da vontade, por isso não precisam de asas. E espíritos, usando o corpo periespiritual, apresentam-se vestidos. Foi, para mim, um alívio compreender esse fato. Desencarnada, soube que eu fora, antes de reencarnar, instrutora de volitação num educandário onde ensinava crianças a se locomoverem no espaço, ou seja, a volitar.*

☙

Laurinda, a Preta Velha, muito bem-humorada, contou-me: quando era pequena, não se conformava por ter a pele branca. Queria ser negra. Sua brincadeira preferida era se pintar com carvão. Às vezes levava bronca, porque não era fácil limpar o carvão. Quando se pintava, colocava um lenço na cabeça e andava como velha. Gostava muito.

Adolescente, parou com essa brincadeira. Olhava suas colegas negras e queria ser como elas. Uma noite foi com uma amiga num centro umbandista e ficou maravilhada, ou melhor, encontrou-se. Passou a frequentá-lo e se ofereceu para ajudar. Não tinha mediunidade em potencial para trabalhar e foi fazer parte da equipe organizando e administrando os trabalhos da casa. Alguns desencarnados chamavam-na carinhosamente de Preta Velha. Teve uma existência tranquila, casou, teve filhos e, por cinquenta e quatro anos, trabalhou neste centro umbandista. Ao desencarnar, soube que, na sua penúltima encarnação, vestira um corpo de pele negra, fora uma benzedeira e resgatara muitos erros pelo trabalho edificante. Por isso amou muito esta encarnação, que a marcou. Concluiu que os atos nos marcam: os maus e também os bons.

— *Que alegria para nós ter a reencarnação como meio de progredir!* — exclamou Laurinda, alegre ao terminar seu relato.

☙

Quando passamos por um resgate doloroso, por sofrimentos, não é difícil ter a sensação de que já tivemos períodos de farturas e alegrias. Podemos ter até lances de lembranças desses acontecimentos de outrora e também de atos que nos levaram a contrair dívidas, ou seja, de erros, maldades cometidas contra o próximo. Pode ocorrer de termos fobias por atos marcantes ocorridos conosco. Mas pode acontecer de estarmos bem encarnados e recordarmos de sofrimentos de outras vidas, de lições aprendidas com o padecimento ministrado pela sábia mestra, a dor. Conversando com Assíria e Jorge, entendi que podemos sentir saudades desse aprendizado e, após termos compreensão, podemos dizer: abençoado resgate!

Assíria me contou que, na sua última encarnação, quando era pequena, queria a outra mãe e o outro pai, da encarnação anterior. Aquela mãe que trabalhava na roça e o pai que, quando não estava bêbado, era bonzinho. Depois queria sua boneca de pano. Seus pais, na última roupagem física, acreditavam em reencarnação e tudo fizeram para a filha esquecer. Compraram várias bonecas, porém ela queria a outra, a que fora dela antes. Foram muitas as vezes que comentou diante da mesa farta:

– Graças a Deus temos o que comer, passei tanta fome!

Na sua última vivência na carne, teve um lar estruturado, pais que a amavam e protegiam, nada lhe faltou, estudou em boas escolas, casou por amor, teve três filhos lindos e sadios e nenhum problema sério. Nesta encarnação, provou a si mesma que aprendera a lição administrada anteriormente pela dor. Teve o Espiritismo por religião, trabalhou fazendo o bem com a mediunidade. Foi caridosa e aproveitou a oportunidade para aprender e voltou ao Além com muitos conhecimentos e boas obras.

No plano espiritual, soube que havia errado muito no passado e, na sua encarnação anterior, resgatara seus erros pela dor e também aprendera uma preciosa lição: que deveria fazer o bem. Foi para ela muito importante esse resgate. O sofrimento a marcou. Assim, nesta última vivência na carne, essas recordações a fizeram ser grata, caridosa e ajudar as pessoas que sofriam.

A lembrança mais nítida que teve dessa encarnação tão sofrida foi: um dia, o pai, brincando com os filhos, seus irmãos e ela, correu atrás deles com uma tira de pano. Os irmãos se deliciavam com a brincadeira, riam e gritavam. Veio então em sua mente as feições do seu pai de outrora, bêbado, irado, com uma tira de couro e lhe batendo brutalmente. Ela se encostou num canto na parede e tremeu de medo. Seu genitor percebeu, parou com a brincadeira, pegou-a no colo, beijou-a, abraçou-a e disse que a amava. Ela se acalmou, disse-lhe que também o amava e foram brincar de outra coisa. Essa lembrança foi tão forte que sentiu a sensação de dor e sangue escorrendo pelas suas pernas e ficou muito triste.

– *Como Deus é bondoso e justo, dando-nos sempre novas oportunidades!* – exclamou Assíria ao findar seu relato.

෧

Jorge me contou que, encarnado, tinha sonhos muito nítidos que o fizeram recordar o passado. Outrora tinha vivido numa casa-grande onde servia como empregado. Tinha um defeito na perna direita e por isso mancava. Fora rejeitado pela mãe, que o teve solteira, e foi criado por uma avó maldosa. Nunca recebeu um carinho, não foi amado, mas, sim, rejeitado. Tinha uma aparência feia. Gostava de uma moça que também era empregada da casa. Ela lhe dava atenção, conversava com ele e até o ajudava. Ela, no entanto, quando percebeu seu interesse, passou a evitá-lo e não falou mais com ele, que sofreu muito por mais essa rejeição. Jorge recordou muito da deficiência que tivera, de seu andar com dificuldade e das muitas dores.

Ele não comentava com ninguém suas lembranças, mas, querendo compreendê-las, pesquisou e encontrou respostas quando entendeu a Lei da Reencarnação. E então esses lances do passado não mais o incomodaram.

Aos vinte e cinco anos, conheceu uma moça, para ele especial, e namoraram. Um dia, ela estava dormindo tranquila ao seu lado, e ele a reconheceu como a moça amada do passado. Pensou em terminar o namoro. Mas gostava dela e iria sofrer se ocorresse uma separação. Então não deixou esse fato, essa recordação, interferir em sua vida: ficaram juntos e foram felizes. Também reconheceu no filho mais velho o ex-patrão, que muito o humilhara. Aprendeu a amá-lo e não fez diferença em relação aos outros filhos.

Desencarnado, confirmou suas recordações. Por muitas maldades feitas no passado, reencarnou para um resgate, para aprender a não ser arrogante e domar seu orgulho. Por isso, uma existência sofrida. Essa moça que o repelira no passado e que depois se casara com ele, fora sua companheira nesta existência de erros. Na erraticidade, sofreram muito, reencarnaram perto e prometeram ficar juntos para um auxiliar o outro. Mas, encarnada, ela não o quis pobre, feio e deficiente, mas também sofreu, teve uma vida difícil. Na última encarnação, ela não se recordou de nada.

Jorge ficou muito grato por ter essas recordações quando estava encarnado. Ele estudou medicina, especializou-se em ortopedia. Estudioso e dedicado, tornou-se um bom médico. Compreendia a dor alheia e tentava, com paciência e carinho, amenizá-las. Sempre se lembrava das dores que sentira na sua reencarnação anterior e tratava o próximo, seu paciente, como gostaria de ter sido tratado. E reservou, nos anos todos em que clinicou, um dia da semana para cuidar de crianças com deficiência: fez muitas cirurgias nas quais, às vezes, era ele quem pagava o hospital.

— *Como foi bom para meu espírito lembrar-me da minha deficiência passada!* — Jorge exclamou quando terminou seu relato.

ღ

Quando terminei esse relato, Antônio Carlos me fez mais uma pergunta, e a respondi. Talvez por achar a resposta interessante, meu amigo pediu para ditá-la à médium. Aí está:

— *Justo, você sente receio de reencarnar?*

— *Sim, tenho receio. Muitos espíritos aqui na erraticidade temem a volta ao corpo físico por se saberem devedores ou porque precisarão passar por provas para vencer suas tendências nocivas. E aqueles que já passaram pelos itens citados compreendem que o caminho do progresso é por uma porta estreita e que recebemos influência do corpo carnal que é herdado de nossos pais biológicos.*

Quando era menino, escutei uma vez um sermão religioso, algo de que nunca mais esqueci. O orador disse: "No juízo final, Deus mandará os justos de corpo e alma para o céu, e os maus para o inferno, também com a alma e o corpo carnal. E, no inferno, o corpo físico e o espírito acusarão um ao outro pelos erros cometidos". Sabemos que é impossível a alma e o corpo sofrerem ou gozarem juntos depois que houve a separação pela desencarnação. Mas será que essa acusação teria sentido?

Depois escutei que o corpo físico era como um cavalo e que era o espírito que dirigia o animal. E que precisava o espírito ter muita vontade e determinação para dirigir o cavalo, que também tinha vontades, intuições e desejos.

Adulto, conversei com um oriental que jejuava periodicamente. Pensava que ele o fazia por sacrifício, mas me admirei com sua explicação: "Jejuo não por sacrifício, como muitos pensam. Muitos mestres e eu o fazemos para enfraquecer o corpo carnal para o espírito dominá-lo, sufocando suas vontades".

E consegui entender mais sobre o assunto com as explicações que encontrei nos estudos de Allan Kardec. No livro O *Evangelho segundo o espiritismo*, no capítulo 17,

"Sede perfeitos: cuidar do corpo e do espírito", Kardec compara o corpo como um cavalo que pode ser mal guiado. Já na obra O Livro dos Espíritos, capítulo 7, "Retorno à vida corporal: influência do organismo", explica muito sobre o assunto, assim como no item seguinte "Os deficientes mentais e a loucura". Citarei algumas frases. Se o leitor quiser saber mais, estude com atenção as obras de Allan Kardec e, se estiver interessado no assunto, leia os capítulos citados:

"O exercício das faculdades depende dos órgãos que lhe servem de instrumento; são enfraquecidos pela grosseria da matéria."; "Assim o corpo material seria um obstáculo à livre manifestação das faculdades do Espírito, como um vidro opaco se opõe à livre emissão da luz."; "Os órgãos são os instrumentos da manifestação da alma; essa manifestação depende do desenvolvimento e grau de perfeição desses mesmos órgãos, como a boa qualidade de um trabalho depende da boa qualidade da ferramenta."; "Nunca dissemos que os órgãos não têm influência. Têm, e muito grande. Um bom músico com um instrumento ruim não fará boa música."; "Mas é preciso não perder de vista que, da mesma forma como o espírito age sobre a matéria, também a matéria reage sobre o espírito."

Sabendo disso, meu amigo Antônio Carlos, receio reencarnar porque receberei influência do corpo físico e do meio ambiente. Reencarnar é uma grande responsabilidade para espíritos que têm conhecimentos, mas é uma imensa oportunidade para o crescimento espiritual. E que alegria se sente quando, ao retornar à pátria espiritual, o faz vitorioso.

Assim termino meu pequeno documentário sobre reencarnação. E vocês, encarnados, podem analisar as diversas diferenças que existem nos modos de viver para concluir que a reencarnação é um fato, como também é verdade que a Terra, planeta que temos por morada, gira em torno de si mesma e do Sol.

Que tenham todos uma encarnação proveitosa, para que a próxima volta ao corpo físico seja de boa colheita.

Muita paz!

Justo.

Ao terminar a leitura deste livro, talvez você tenha ficado com algumas dúvidas e perguntas a fazer, o que é um bom sinal. Sinal de que está em busca de explicações para a vida. Todas as respostas de que você precisa estão nas Obras Básicas de Allan Kardec.

Se você gostou deste livro, o que acha de fazer que outras pessoas venham a conhecê-lo também? Poderia comentá-lo com aquelas do seu relacionamento, dar de presente a alguém que talvez esteja precisando, ou até mesmo emprestar àquele que não tem condições de comprá-lo. O importante é a divulgação da boa leitura, principalmente a da literatura espírita. Entre nessa corrente!

Do Espírito Antônio Carlos, psicografado pela médium Vera Lúcia Marinzeck de Carvalho

Impossível é ser indiferente!

O Ateu, como Jean Marie é conhecido na intimidade, reserva-se o direito de não apenas descrer do Criador, mas também de influenciar os outros com seus escritos. Escreve livros onde expõe sua absoluta descrença na vida além da morte. Além disso, distribui, por intermédio dos amigos que compartilham de suas idéias, panfletos nos quais dissemina seu ideal materialista. Alheio às seduções do ambiente onde vive, preocupa-se apenas em explorar os corruptos. Vítima da obsessão, não percebe a tragédia que se aproxima e que mudará, por completo, seu modo de pensar...

Mais um sucesso da Petit Editora!

Os mistérios que rondam os dois lados da vida...

Vultos sombrios, uma casa assombrada e um segredo...

Distante da cidade, a casa do bosque esconde um estranho segredo. Seus vizinhos estão certos de que a residência é assombrada. Desafiando o perigo, Leandro invade o lugar. Protegido pelo entardecer, ele penetra na casa e cai nas garras do desconhecido. O primeiro a recebê-lo é um vulto sombrio...

Mais um sucesso da Petit Editora!